物流平台生态系统构建与数字化赋能研究

李清 著

清華大學出版社
北京

内 容 简 介

现如今中国已经进入数字经济时代，物流平台企业也已经成为市场经济的重要主体。然而，物流平台行业的研究仍然处于起步阶段。随着平台经济和数字经济上升到国家战略层面，物流平台迎来重要的战略发展阶段。物流平台企业通过集聚和组织物流资源，投入互联网技术、5G、信息技术等智能化技术，成为提供平台用户所需物流服务、降本增效的重要载体和技术手段。本书关注并分析了典型物流平台企业(如满帮集团、传化智联、中储智运)的持续发展。

物流平台生态系统是一个生态系统网络，其生态属性及与用户和多边市场主体之间存在多样化的链条关系。物流平台生态系统所面对的多边市场意味着将物流平台企业、互补者(如加入平台的各种专来化物流服务提供商)和平台用户及其他利益相关者集聚在一个平台。可见，构建一个健康、自治、可持续发展的物流平台生态系统已经成为数字经济和平台经济极其重要的问题。本书首先阐述了平台、物流平台和物流平台生态系统的概念演绎和发展现状，然后在物流平台生态系统的理论框架基础上，分别探讨了资源异质性、平台资源整合与价值共创(第 4 章)、物流平台与互补者互动与价值共创(第 5 章)、物流平台生态系统价值共创(第 6 章)，接着研究了物流平台赋能和数字化赋能的发展现状(第 7 章)，对于物流平台企业获取数字竞争优势具有重要意义。

本书适用于物流管理、工商管理和市场营销等专业的本科生和研究生阅读，也可供企业和政府物流管理部门的工作人员参考。

图书在版编目(CIP)数据

物流平台生态系统构建与数字化赋能研究/李清著. —北京：清华大学出版社，2024.6
ISBN 978-7-302-63197-2

Ⅰ. ①物… Ⅱ. ①李… Ⅲ. ①数字技术—应用—物流管理 Ⅳ. ①F252.1-39

中国国家版本馆 CIP 数据核字(2023)第 052559 号

责任编辑：梁媛媛
装帧设计：李 坤
责任校对：周剑云
责任印制：沈 露
出版发行：清华大学出版社
网 址：https://www.tup.com.cn, https://www.wqxuetang.com
地 址：北京清华大学学研大厦 A 座 **邮 编**：100084
社 总 机：010-83470000 **邮 购**：010-62786544
投稿与读者服务：010-62776969, c-service@tup.tsinghua.edu.cn
质量反馈：010-62772015, zhiliang@tup.tsinghua.edu.cn
课件下载：https://www.tup.com.cn, 010-62791865
印 装 者：北京嘉实印刷有限公司
经 销：全国新华书店
开 本：185mm×260mm **印 张**：10.75 **字 数**：264 千字
版 次：2024 年 6 月第 1 版 **印 次**：2024 年 6 月第 1 次印刷
定 价：79.00 元

产品编号：095071-01

前言

2019 年 9 月，中共中央、国务院印发了《交通强国建设纲要》，明确提出积极打造绿色、高效的现代物流系统，发展“互联网+”高效物流的总体要求。在“互联网+”大浪潮的推动下，物流平台经济的发展逐渐成为研究热点，使物流平台能够利用物流网络和信息技术整合分散的资源，发挥集约效果，以实现物流信息的高效转移与共享。以公路货运行业为例，中小微物流企业广泛存在运力分散、业务覆盖区域有限、物流费用高、物流盈利空间小等突出问题，尤其在我国公路货运物流行业明显存在“小、少、弱、散、慢、乱”的特征，导致车货匹配效率和返程车辆利用率较低、运输车辆空驶率较高、货运中介或黄牛盘剥等，制约着公路货运物流市场的健康发展。物流平台行业赋能公路货运业务，如货主委托承运车辆运货、车主承接运输需求后完成货物运输。

相对于管理实践的蓬勃发展，平台生态系统的研究还不充分。数字经济和平台经济环境下涌现的大量新兴平台模式为平台生态系统价值共创研究提供了丰富的研究背景，大数据和互联网技术的迅速发展也为研究提供了海量数据支持。首先，国内外学者对平台生态系统的研究尚未形成基本统一的定义和大体完整的理论体系，如研究平台与生态系统的内在联系、物流平台企业如何构建自身的生态系统等关键问题。更重要的是，新冠疫情驱动了企业的数字化进程，中国平台型企业在生态系统的构建、治理等方面也在不断探索，亟待学者们提供理论支撑，尤其是研究高速发展的平台型企业赋能和平台生态系统的潜在意义。例如，谷歌、华为、小米等在消费端建立“生态链”，阿里巴巴、腾讯等通过投资、收购打造电商平台生态系统，大量商业实践已经远远走在理论研究的前面；传统物流企业平台化转型、物流平台研究的历史脉络、物流平台生态系统构建和治理、线上线下资源整合等商业实践问题需要新的视角和思路来指导企业实践。

当前，我国物流服务平台存在运营模式趋同、盈利能力弱、数据价值未得到充分挖掘和应用等问题。在数字化和生态化的驱动下，我国物流平台有希望迎来更加规范、高效和可持续的发展。因此，物流平台生态系统构建的研究具有理论和实践意义。本书面临新时代大量中国平台企业实践中迸发的生态系统现象和问题，关注物流平台行业的发展动态，在为物流平台企业带来挑战和机遇的同时，也能够推动物流平台生态系统理论体系的完善和进一步发展。

在平台生态系统的研究方法中，以往的实证研究大多集中在视频网站、电脑游戏等领域的平台生态系统，极少涉及物流行业。我国物流平台企业作为一种物流业的崭新组织形态，与互补者之间的组织间关系在数字化和平台商业生态系统演化背景下，具有复杂性与动态演变的特征，因此探讨物流平台与互补者合作模式的成立条件与治理需要在平台生态系统环境下进行匹配，并不断向创造更大价值的可持续模式演变与升级。

物流平台数字化其中的一个重要意义在于推动了价值共创，这包括物流平台与互补者之间、平台用户相互之间以及物流平台与子平台之间的价值共创。领先物流平台企业正在依托移动互联网、云计算等技术，将过去互补性产品或服务关联起来，形成网络化和动态化的物流平台生态系统，创造并满足平台用户的集成式需求。同时，平台生态系统的形成也改变了以往的竞争模式，它是以整个生态圈提供的数据—服务—产品包为平台用户和互补者创造价值，而不是单个企业在生态圈的某个局部实现盈利。为了在生态系统竞争中获胜，企业必须思考诸如加入什么样的生态系统、在生态系统中扮演什么样的角色等问题。

本书以平台生态系统为视角，基于物流平台数字化赋能的理论和实践背景，对物流平台企业、互补者和用户等多主体价值共创的内在机理展开深入探索，形成统一的研究逻辑和理论框架。本书尝试构建不同类型物流平台企业物流生态系统的结构模型，探索性地分析物流平台企业与参与者的资源整合机制和交互机制，阐述数字平台与互补者之间的组织间关系并构建互动模型以理清其内在机理，最后分析若干个典型物流平台企业的案例。根据研究内容，本书采用理论研究与实证研究相结合、定性分析与定量分析相结合的方法，通过阅读大量中英文文献，运用文献研究的方法，梳理物流平台生态系统的构建理论并评述；借助复杂系统理论、商业生态系统理论、社会网络理论等多个理论视角探索物流平台生态系统的价值共创机理。

本书为上海市哲学社会科学规划一般课题“数字物流平台生态系统赋能上海中小微企业价值共创机理研究”(2021BGL016)的成果。

本书的研究工作得到了上海商学院工商管理学院各位领导和同事、上海新跃集团、上海发网供应链、上海天地汇等企业及上海千依网络的大力支持，在此对他们的辛勤付出表示衷心的感谢。

由于作者水平和时间有限，书中难免有疏漏或不当之处，敬请读者批评指正。

编　者

目录

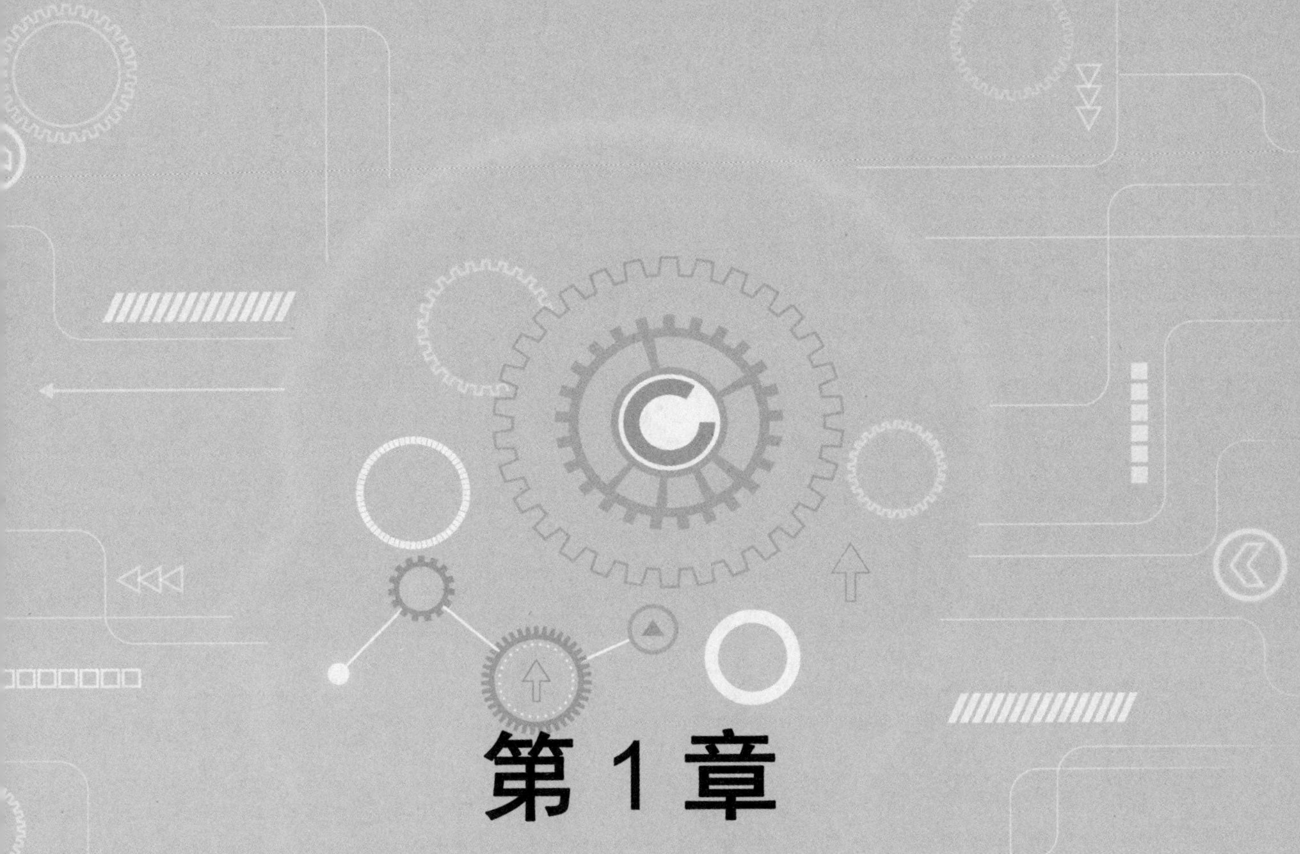

第 1 章

绪　论

1.1 研究背景

数字化技术的发展驱动物流企业运营方式的变革，平台化、服务化和智能化随之产生。面对突如其来的新冠肺炎疫情，我国物流平台作为物流业的一种崭新组织形态在移动互联网时代彰显出巨大的影响力。近年来国家出台了《物流业发展中长期规划(2014—2020)》《第三方物流服务信息平台建设案例指引》和“首批骨干物流信息平台试点单位的出台”等物流行业的规划、政策和建议，可见物流平台行业在平台经济时代和数字化转型升级背景下显示出越来越重要的地位和作用。研究表明，目前全球前 100 家企业中，已有 60 家企业的主要收入和一半以上的利润源自平台商业模式(Eisenmann，et al.，2006)。物流平台行业也不例外。从 2013 年开始，中国刮起车货匹配平台潮，运满满、货车帮、卡行天下、罗计物流等著名物流平台相继出现，2014 年诞生了 200 多个货运 App，2016 年车货匹配平台的市场规模超过万亿元，深得资本市场的青睐，其中的运满满和货车帮(合并为满帮集团)于 2021 年成功上市。我国物流行业的迅猛发展带动了不同类型的物流平台型企业的诞生。而物流平台的共享特性链接了更多的物流服务商和用户，为用户提供物流大数据服务、数字化营销和智能金融服务及其他创新型服务，特别是在新型冠状病毒感染的肺炎疫情期间帮助平台用户实现数字化升级，并进一步激发了平台用户的网络效应，实现中小微平台用户企业的物流、商流、资金流和信息流的供应链协同。

世界上最大的公司大多都与平台生态系统相关，阿里的菜鸟物流平台、京东的京东物流等平台巨头横跨了社交、第三方支付、搜索引擎、金融、电子商务等诸多领域。越来越多物流企业进行平台化转型，或者成为平台服务提供商，或者集成到平台生态系统中。我国已经出现许多较为成熟的物流平台企业，但是业内缺乏深入的探索性案例研究。例如，卡行天下的专线平台模式在 2019 年宣告失败，传化物流联盟模式在 2018 年启动，天地汇的物流园区“淘宝”模式和 2021 年启动的大票模式，易流科技的易流云平台物流信息透明化模式以及上海新跃物流汇第四方物流平台增值服务模式，这些成功或者失败的物流平台企业的商业模式都具有较强的代表性，很有必要对其进行深入研究。

物流平台是一个新兴领域，也成为学术界和不同行业人士关注的焦点。然而，物流平台多元化的服务属性致使物流平台生态系统的研究存在概念模糊不清、研究碎片化和研究视角繁杂三大问题。这从某种程度上阻碍了物流平台理论的进一步发展，也不利于对管理实践的指导。物流平台的边界已经不再局限于传统行业或者组织边界的束缚，可延伸至整个平台网络市场(平台供应链、平台网络、平台生态系统)的内部和外部。其概念范畴包括平台生态系统网络的各个主体、节点、流程和演化过程，对于不同情境和定位的生态系统参与者而言，缺乏普遍认可的整体框架模型。物流行业是一个综合性服务业，针对不同行业的特定需求往往呈现异质性，因此物流平台之间难以找出一个相同的商业模式，而是众多行业跨越行业边界通过资源流、信息流、物流等资源整合和互动共创价值，形成共生的物流平台生态圈。

对物流平台生态系统的理论和实证研究具有如下重要意义。

(1) 本书试图探讨物流平台生态系统的理论构建，并重新审视物流平台到平台生态系统的跃迁、平台生态系统的运作形式及其存在的契机(比如，什么时候构建或者加入行业龙头的生态系统)，以及物流平台生态系统中多主体相互依赖关系的演化。本书从平台研究的历史脉络延伸到物流平台行业，融合多个理论视角——复杂系统理论、社会网络理论、价值共创理论，以增强物流平台生态系统的理论研究。本书还试图从物流平台企业的成功或失败的商业模式中探究物流平台生态系统的发展脉络。

(2) 本书从企业如何获得竞争优势的角度探讨了平台型企业的竞争优势，有利于平台企业考虑其成长战略。例如，平台企业是通过构建生态系统获取竞争优势，或是通过生态系统的其他参与者获得竞争优势。资源基础观(RBV)主要关注企业拥有的资源，当资源不存在于公司层面或难以整合时，在生态系统的层面如何将物流平台资源与生态系统参与者的资源整合？构建物流平台生态系统的内在机制有哪些？这些问题都可以在物流平台生态系统理论框架中找到一些解答。

(3) 本书从价值共创的过程机制视角探索物流平台生态系统的价值共创理论框架。物流平台与互补者提供信息数据、营销、物流和融资等持续赋能中小微企业，可帮助三方以价值共创机制来实现精准化、透明化和在线化的数字化供应链服务。这有利于提升物流平台、用户和互补者之间的互动关系，对于促进我国数字平台企业可持续发展，继而对数字平台生态系统整体层面的行动演进、价值输出、治理实现都具有重要的实践意义。

(4) 本书探索物流平台数字化赋能中小微企业的研究，并将研究成果应用于我国数字平台行业或者物流平台组织，从而为我国平台企业提供切实可行的理论基础及研究方法上的指导。虽然业界已经产生了丰富的物流平台赋能中小微企业的实际案例，但是理论研究仍较为滞后。电商物流平台京东建立了“云仓平台+WMS+TMS+库内仓储作业”创新服务形式，助力中小企业和商家提升仓配效率；快递物流平台顺丰与多个品牌商合作，提供线上线下全渠道销售与库存共享、同城集配、仓库或门店调拨等服务，助力鞋服行业的数字化转型；菜鸟建立国家智能物流骨干网，通过海外仓平台服务中小企业远程采买和运营决策。

物流平台生态系统的研究符合国家对物流平台布局的规划，对实现多边市场价值共创，加快资源、信息、知识共享，以及整合实现创新绩效具有重要意义。探讨构建物流平台生态系统及其理论框架有利于制订物流平台可持续的运营和战略发展计划，进一步推动物流平台生态圈的理论研究和物流平台创新实证研究。

本书有利于物流平台开展数字化转型，能有效改善线上线下资源整合，并帮助物流平台获取数字化竞争优势；有利于政府和相关机构进一步形成中小微企业复工复产和赋能战略，探索新的互动应用实例和数字平台商业模式。

1.2 国内外研究现状

1.2.1 平台和平台生态系统的研究

1. 平台的形成

1574 年，牛津英语大辞典对平台的定义为一种设计、一个概念、一个想法或者一种模式。平台的概念在不同理论视角下呈现不同的定义，这也说明了平台的复杂性和多样化。在商业化进程中有三个领域极为关注平台的发展，它们分别是产品开发管理、技术战略管理与产业经济学。

20 世纪 90 年代初期，在产品开发领域，“平台”一词通常用于开发某个产品簇的项目中，用来描述那些能够满足核心客户的需求，同时还能方便修改(如增加、替代、移除某些功能)以满足多样化的产品需求。自 90 年代后期，伴随着计算机技术的发展，学者们开始从技术战略领域将“平台”作为产业控制分水岭。互联网企业(如微软、英特尔)纷纷通过平台的构建成为行业领导者，它们成功的平台战略不仅使企业获得市场先入者优势，也让企业的产品获得互补企业的支持。“平台”一词常常出现在当前管理和经济学研究领域及行业报告中，用来描述产品或产品系统、行业供应链、市场及产业链等。平台的类型由 Thomas、Autio 和 Gann(2014)总结如下。

(1) 平台作为企业能力的集合赋予高绩效。

(2) 平台用做产品组合的中心。

(3) 平台作为两个或者多边市场参与者的中介。

(4) 平台作为系统或者架构支持互补性科技资产的集合。

平台最初被定义为一系列生产制造产品过程中可共享的资产的集合，包括组件、过程、知识、人才和组织间关系(Thomas，Autio，et al.，2014)，如图 1-1 所示。

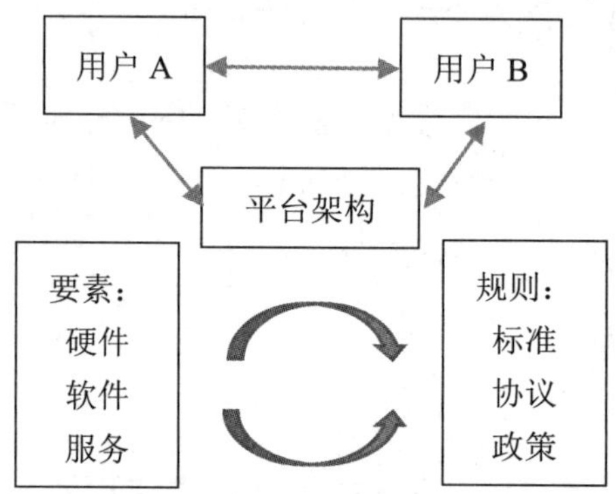

图 1-1　平台的构成要素

早期的平台研究集中在制造业，如汽车、飞机、设备制造和电子产品行业。这些行业平台的产生有利于企业把某一个行业的多个参与方(通常是买方和卖方)积聚在同一个管理范围内，利用基础技术和第三方企业的互补性创新技术产生正反馈循环和网络效应。当行业创新转移到平台后，进而促进行业平台增加不同程度创新的产品和服务(Gawer and Cusumano，2014)。创新越多，价值共创越多，进而产生相应的网络效应并培养潜在用户，形成累积优势(cumulative advantage)，从而使得竞争对手和新进入者难以超越或模仿。

平台企业相对于一般企业而言，可以借助强大的网络效应，更加有效地集聚和动员资源，例如，电商平台在发展初期通过卖方和买方的迅速集聚，产生相应的网络效应，迅速冲击了传统线下资源的整合模式。物流平台在集聚产品、服务或技术的过程中，使内部平台在有限资源和较为灵活的产品设计基础上开发和生产出一系列的产品和服务，并使外部平台获取创新或成本低的组件、技术或能力。物流平台为企业通过信息技术构建虚拟的物流网络，实现物流信息的高效转移与共享(宋娟娟和刘伟，2015)。

自 2000 年开始，产业经济学家开始研究多边平台市场中的网络外部性。Rochet 和 Tirole(2003)关于双边市场的文章通常被认为是经济学的典范。采用经济模型的抽象和定量分析测算定价对平台两边群体的影响(Rochet and Tirole，2006)。这时平台作为双边市场的交易中介，有的研究侧重定价结构的变化、平台竞争中的转移成本和多归属成本及定价策略的实施对平台业务量和收益的影响，有的则按照经济学模型对厂商定价、竞争/垄断、福利等多个话题进行了深入研究。Gawer(2014)从经济学视角提出双边或多边平台的概念，即通过连接双边或多边消费者创造价值，平台所有者和平台用户通过增加客户基数、互补品数量和多样性来增强网络效应，实现规模经济和范围经济。工业组织经济学(industrial organization economics)视角认为，平台通常被概念化为包含在产品、服务中，或者技术的接口，起到调解双边或多边之间交易的作用。比如，易趣平台买卖双方的网络，以及 Linux 企业服务器软件中的互补者和用户。

技术视角把平台看作是模块化产品创新的技术架构，而产品架构中的特殊设计可以帮助企业生产系列产品，且不同产品在生产制造过程中共同使用某些组件(Krishnan and Gupta，2001)。工业组织经济学(industrial organization economics)视角认为，平台通常被概念化为包含在产品、服务中，或者是提供技术的接口，起到调解双边或多边之间交易的作用。比如，易趣平台买卖双方的网络，以及 Linux 企业服务器软件中的互补者和用户。技术管理领域的学者们认为，平台的功能是构建模块(building blocks)，即其他公司可以在此基础上建立相关的基础产品或服务(Gawer，2009)。技术管理领域较为关注平台投资者如何吸引第三方互补者进驻平台，从而促发间接的网络效应(Eisenmann，Parker，et al.，2006；Evans，Hagiu，et al.，2006)，并将平台描述为技术平台架构(Gawer，2014)，而平台投资者和互补者则寻求创新。

战略管理领域的研究则较多注重平台领导力(Cusumano and Gawer，2002)和互补者战略互动(Cennamo and Santalo，2013；Kapoor and Lee，2013)。

多边平台于 2010 年由哈佛学者 Andrei Hagiu 提出。多边平台(multi-sided platform)区别于双边平台的地方在于除了供方和需方之外还存在“互补者”一方，其中，供方通常作为“开发者”，需方通常作为“用户”。多边平台更为具体和严格的定义有助于改善双边平台在概念上过于抽象而在现实中又过于宽泛的问题，如平台开放、平台控制、平台演进等问题。

数字平台是以数字基础设施为建构载体，为整体系统(包括产品、技术和服务)提供必要的功能，外部组织可以在此基础上开发互补性产品、技术或者服务(Adner and Kapoor，2010；Gawer and Cusumano，2014；Jacobides，Cennamo，et al.，2018)。因此，数字平台代表了一种基于系统基础结构的数字技术和业务模型，连接了多个参与者(如用户和互补者)以及内部和外部的中介代理市场(Costa，Soares，et al.，2020)。基于连接的质量和数量，数字平台可

以提供多方面的价值和优势。比如，连接广泛用户群的能力得益于其较高的可扩展性，从而降低交易成本，实现网络效应(Gawer and Cusumano，2014)。

数字平台可以作为信息流动的中介，从而促进平台上多边参与者(如天猫电商平台、卖家和买家)实现产品、服务和数据的互联互通(Ruutu，Casey，et al.，2017)。数字平台整合了产品和服务资源。例如，在智能运输领域，出行即服务(mobility as service)，作为崭新的、以服务为目标的传输模式可通过整合不同的交通方式打造服务套餐。

数字平台凭借其数字基础设施带来的灵活性、开放性和可供性(de Reuver，et al.，2018)，已渗透进各行各业并成为经济发展的主要动力(Nambisan，et al.，2017)，数字平台不仅是传统企业强大的市场竞争对手，也是在位企业数字化转型的助力者，它通过数字基础设施改变传统组织的基本型态及其价值创造逻辑，对传统企业进行数字化赋能并帮助它们在数字经济的背景下更好地生存与发展(Li，et al.，2017)。数字平台是以数字基础设施为建构载体，为整体系统(包括产品、技术和服务)提供必要的功能，外部组织可以在此基础上开发互补性产品、技术或者服务。因此数字平台代表了一种基于系统基础结构的数字技术和业务模型，连接多个参与者(比如用户和互补者)以及内部和外部的中介代理市场(Cusumano，et al.，2021)。数字平台促成了相关行业的转型，并为行业领导地位和生态系统创新奠定了新的基础(Gawer and Cusumano，2014)。

2. 商业生态系统

“生态系统”一词经常用来描述一群相互关联的企业组成的社区，其中个人的能力和角色与一个或者一些核心企业的目标共同进化保持目标一致 (Iansiti and Levien，2004)。生态学本质是生命系统、非生命系统与生物圈之间的物质、能量、信息的流动和循环的规律，即研究生物群体与环境交互作用及规律的学科。商业生态系统被定义为“为了实现核心价值主张而相互作用的多方伙伴集合的相互呼应的结构”。Moore(1993)首次将自然生态系统的概念引入市场的企业活动中，提出商业生态系统是一个类似于自然生态系统，围绕企业间合作与竞争研发新产品从而满足客户需求并保持创新变革的结构化经济联合体。在商业生态系统的背景下，参与者不应一味追求战胜竞争对手，而是竞争对手乃至整个商业生态系统共同进化。

许多学者提出生态系统是由核心技术支持的多个相互作用的参与者组成的网络结构，这些参与者相互之间高度依赖(Iansiti and Levien，2004；Anggraeni，Hartigh，et al.，2007；Adner and Kapoor，2010)。

商业生态系统的“共赢”战略(Iansiti and Levien，2004)首次将生物生态系统及演化原理应用于商业生态系统。处于网络中心位置的企业根据“价值创造”和“价值占有”两个维度区分为“核心型企业”“价值独占企业”和“支配型企业”，与这些企业联结的网络成员被称为缝隙型企业(niche players)。核心型企业具备协调资源各异能力互补的多节点网络单位的能力，利益各方和企业本身都可获得“价值创造”和“价值占有”维度上公平公正的既得利益，属于受欢迎的企业；中间调和型企业具备某些特殊资源或者能力作为中间商处理企业间的利益博弈，虽然“价值创造”少，但是属于能实现利益共享的和事佬；支配型企业具备价值创造的资源和能力，并独占其创造的供应链盈余，其他节点网络单位收益较少，属于利益分配不均的独裁者(Iansiti and Levien，2004)。

Adner 和 Kapoor(2010)从公司为中心的角度区分了焦点公司和互补型公司。基于服务主导逻辑(SDL)的观点(Ng and Vargo，2018)，Burkhalter(2019)定义了与通过服务实现的成员的共同目标相关的生态系统角色原型(Betz，Burkhalter，et al.，2019)。

廖建文(2015)提出生态圈的“HER”框架成员的异质性(heterogeneity)、关系的嵌入性(embeddedness)和个体与整体、当前与未来之间的互惠性(reciprocity)。他认为一个健康、稳定、自治的生态系统应该具备这些特性，这也分别对应了生态系统共生、互生、再生的特点。组织层面的商业生态圈是指由多个(三个或以上)具有利益相关关系的不同组织和个人，在彼此依赖、互惠的基础上，为了达成共同目标而采取集体行动的联合体(廖建文，2015)。

3. 平台生态系统的形成

当今世界，竞争已不是单个企业之间的竞争，也不是价值链之间的竞争，而是平台生态圈之间的竞争。平台生态圈实质上就是一个平台生态系统(Eisenmann，Parker，et al.，2010)。我们把平台生态系统看成是一个生态系统网络，并深入地认识平台生态系统的生态属性。平台型企业与用户及多边市场主体之间的各种各样的链条关系形成平台生态系统网络。其中，互补者是指为平台提供互补性产品、服务、技术的独立供给方，其主要贡献在于对平台产品与服务多样性的互补性或对平台技术的协同性。在平台竞争的背景下，平台企业为了生产互补品及通过互补者网络提升平台价值(Adner and Kapoor，2010；Ceccagnoli，Forman，et al.，2012)，或者通过一个共同的架构(architecture)提供价值，而平台架构是管理平台企业和互补者互动的接口规范。理论上，生态系统的接口被标准分割成一个相对稳定的平台和若干互补模块，并管理这些不同成分之间的相互作用(Tiwana，2015)。而标准(standards)则被定义为平台保证架构组件的相容性的技术特性(Eisenmann，et al.，2006)。

不同学者从不同视角论述了平台生态系统的内涵。较多学者认为平台生态系统借鉴了

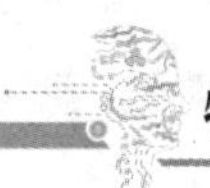

生态学和商业生态系统的内涵主张。张大鹏和孙新波(2018)提出，平台型商业生态圈是以平台为媒介，以供应商、互补商以及生产企业等为主体，并且能够为终端用户提供新的、有价值的服务和产品，从而获得竞争力的商业生态系统。借用生态学理论，可将平台企业及相关利益者看作是一个相互关联、相互补充的价值共创与共享网络。完整的平台生态圈由四部分组成：平台提供商、用户、互补品供应商、第三方服务商(Baldwin and Woodard，2008)。此外，不同行业生态圈之间也存在竞争与合作关系，如移动通信平台生态圈与腾讯生态圈之间存在明显的竞合关系，共同构成一个大商业生态系统。以京东为例，京东电商平台是整个生态系统的领导者，提供平台业务，它的关键种群指的是进驻京东平台的供应链主体，包括从供应商、制造商到零售商的各个主体也是平台服务的用户。支持种群则是进行交易所依附的各个组织，比如与京东金融、京东物流、京东旅行、京东到家合作或依附的金融机构、物流公司、旅游公司等多个组织。

李鹏与胡汉辉(2016)通过理论阐述了企业—平台企业—平台生态系统的跃迁机理和路径。张建军和赵启兰(2017)结合平台商业模式与服务供应链理论提出“互联网+”的供应链平台生态圈商业模式，提供了平台嵌入供应链平台生态圈网络的新思路。Nambisan 研究了跨国企业数字平台在生态系统情境下创造价值和获取价值的创新模式，并指出数字平台生态系统是一个动态演化的系统(Nambisan，et al.，2019)。这种生态系统在价值共创过程中的交互机制往往被低估。真正的平台革新者不仅使用数据驱动的算法来驱动更好的买卖双方相匹配，还允许参与者彼此创造价值，因此才产生了多方面的额外价值(Van Alstyne, et al., 2016)。

4. 网络效应

平台模式所固有的网络效应意味着为两个不同的群体提供产品或服务，一个群体的收益随着另一群体的参与数量的增加而增加。对于具备网络效应的双边市场，用户的规模要比产品本身更重要，而产品的价值可以通过梅特卡夫定律衡量，即网络的价值与网络节点的平方成正比。这个公式适用于直接网络效应，即买方和卖方在网络中具有双重属性。

在供方市场经济中，企业通过控制资源掌控市场话语权，不断地提高效率和抵御波特五力模型中任意一种威胁。企业的战略目标是修建护城河以保护企业免于与其他公司和渠道的竞争。“互联网+”市场背后的驱动力是需方规模经济的优势，其核心是网络效应。信息技术所带来的效率提升包括通过社交网络媒体、需求积聚、App 升级和其他网络扩张的手段(Van Alstyne，et al.，2016)。互联网经济时代，平台型企业通过吸引更多平台参与者获得更高的“流量”而富有竞争力，这是因为网络效应带来了更多供应和需求数据有利于完成匹配。高流量带来的每笔交易价格的平均值往往更高。比如，App 开发者和 App 使用者是网络上不相关的两个群体，平台所吸引的 App 使用者这个群体不取决于平台本身而取决于附着于平台的 App 开发者的规模，这种网络效应叫跨边网络效应或间接网络效应。

平台治理包括网络效应的产生和在平台演进过程中网络效应的增强或者减弱，而且网络效应是一种自我强化的正反馈、自生长机制。当平台用户超过临界点时，网络效应会增强到一定程度以帮助企业迅速占据市场成为行业领头羊。例如，阿里充分利用了网络效应的优势，不仅在初期带来庞大的用户基数和交易额的爆发式增长，还提高了后来竞争对手的准入门槛，也开辟了多个如淘宝、天猫平台及其附属业务(聚划算、互联网金融、云计算等)之间协同发展的正循环模式。因此，投资者和创业者都极其青睐这种互联网平台模式，可谓是赢家通吃的商业道路。直接网络效应产生于平台用户的网络效益，取决于可以与之连接的其他网络用户的数量(Eisenmann，et al.，2010)。直接网络效应可以通过间接网络效应的增强而增值，这是由于网络的非同边参与者可以彼此从对方的规模和特征受益(Boudreau and Jeppesen，2015)。例如，企业在招聘过程中将信息上传到招聘网站，并通过筛选求职者信息获得合格的求职者；求职者在网站上付费后成为会员，从而获得更多的招聘机会(Zhu and Iansiti，2012)，这种相互依赖的关系不仅加速了平台的产生，而且使平台逐渐成为为平台用户和网络其他个人或企业提供交易机会的中介。

尽管网络和平台是两个截然不同的研究领域，然而这两个术语存在理论上的重合。“网络”可被广义地定义为相互连接的主体或节点形成的系统(Borgatti and Li，2009)；节点可以是个体的，也可以是以“集体”形式参与的组织。在平台网络市场(platform-mediated networks)中，平台企业之间的竞争体现在平台网络中用户(个人或者企业)与互补者厂商的兼容性和互动(Eisenmann，et al.，2011)。平台网络市场的基本假设是用户在平台上与更多的其他用户共享更高的价值(Cennamo and Santalo，2013)。这些价值的增长幅度视网络成员与网络中其他用户互动次数和与谁互动(Eisenmann，2007)。

1.2.2　价值共创相关研究

1. 资源整合

物流外包的理论源于企业将内部优势资源与外部稀缺资源相结合，从而产生协同效应，最大限度地发挥资源利用的效率，获得竞争优势。其核心理念(外包战略理论)说明企业只有整合外部专业化资源才能增强核心竞争力，进而增强对环境的应变能力。企业将物流业务外包给第三方物流服务提供商(3PL)，而 3PL 集成了包括运输、仓储、库存、包装、装卸及货运等业务，加速了原材料和零部件从供应商到制造商的流动，为中间产品和产成品从制造商到零售商的移动提供服务。物流外包植入物流与供应链管理中，驱动企业重组组织结构，拓展核心业务，将非核心业务转移到外部专业化服务企业。当企业专注于速度、知识创新、柔性等核心战略时，才有机会整合内外部资源，实现高效率的运作，获得核心竞争力。

在资源整合方面，资源基础观强调企业内部不可替代资源的异质性(Peteraf，1993)，极大地忽视了企业外部网络的延展。外部网络是正式制度不完善情境下资源流动的媒介。对于转型升级背景下的物流平台，不仅要考虑组织间网络资源，还要获取包括企业董事、经理和雇员的个人网络资源(Huggins，2010)。Prajogo 等从物流整合的视角研究企业的内部整合和外部整合，并从信息共享和业务流程两个方面开展整合(Prajogo and Olhager，2012)。但是，这些物流整合的研究主要集中在供应链企业在物流方面的纵向合作。

物流企业的很多创新来源于其嵌入性的网络关系和企业间网络资源。物流平台拥有平台用户的多种甚至全方位信息，可以通过聚集平台生态圈网络中各种专业化物流资源而与合作伙伴协作。Fu 等人认为，服务创新实现的最终结果不仅是为了盈利，而且还为了通过资源整合指导企业把有限的资源投入到自身最关切、最可能产生效益的环节，最终实现整个平台生态圈的价值共创(Fu，et al.，2017)。该合作已经从企业个体之间发展到供应链成员企业之间，由许多企业构成的网络所扮演的角色是，把价值整体传递给最终顾客，使有效的供应链整合(Supply Chain Integration，SCI)能够创造竞争优势(Fabbe-Costes，et al.，2009)。刘念等人，认为企业通过服务供应链整合来获取必要的资源、知识、信息、能力，以降低成本，提高企业绩效(刘念和简兆权，2020)。

2. 互动

随着数据时代的到来，平台蕴藏的能量将越来越大，其所带来的共享经济和微经济也将为我国的平台企业经营环境注入新活力，并激发平台企业商业模式的迭代和更新。平台是一个连接双方或多方使用群体之间直接互动的中介机构，其价值来自多方互动。战略管理学者强调，竞争优势的出现是由于企业相比竞争对手为客户提供价值更高而成本更低的产品或服务。在平台网络市场，竞争优势的获得与否与平台企业能否与平台网络中的互补者共创价值密切相关(Adner and Kapoor，2010)。平台的核心在于赢得与网络效应相关的竞争优势，目的在于通过促进外部互动的生产者和消费者获得价值。物流平台的交互性体现在一边集聚物流资源、产品或服务，另一边展示线上互联网和线下实体场地，并且服务供需双方或物流多方主体。由于平台生态系统的多主体特质，使平台提供商(平台所有者)与互补者的交互协同有利于实现平台生态系统的价值创造。例如，互补者的数量、互补者提供的互补组件嵌入能够有效促进平台生态系统资源和组件的功能互补，实现平台创新和整体的价值(Teece，2018)。

初创公司的资源和网络位置有限，生产者和用户之间的价值共创互动是平台企业的“核心互动”。为了使这种核心交互持续进行，平台必须吸引用户(通常使用异构的价值主张)，创建基础设施，并设置交互治理规则，如完善的法律体系、执行体系和惩罚治理体系(Evans and Schmalensee，2016)。

在平台网络市场中，平台企业之间的竞争体现在平台网络用户(个人或者企业)与互补性厂商的兼容性和互动(Eisenmann，et al.，2010)。平台网络市场的基本假设是用户在平台上与更多的其他用户共享更高的价值(Cennamo and Santalo，2013)。这些价值的增长幅度视网络成员与网络中其他用户的互动次数及与谁互动而定(Eisenmann，2007)。电子游戏、企业软件或者在线社交网站的产品都是基于平台形式的交易。在电子游戏行业，微软的 Xbox 游戏机和索尼的 PlayStation 游戏机是游戏平台吸引第三方开发人员入驻并开发用户所喜欢的游戏，而 SAP 则是为软件开发人员提供了一个连接企业商业客户的平台。

3. 价值共创

随着数字技术的发展而催生出的社交媒体和虚拟社群，使平台型组织成为重要的价值共创平台。联合国在《2019 年数字经济报告》中提出，价值创造和捕获两个维度对经济发展的影响。数字化平台的诞生不仅促进商品、服务或社会货币的数字化交换，也体现了平台的价值创造定位，即不仅使用数据驱动的算法来驱动高效的买卖双方匹配，还允许参与者彼此创造价值，从而带来更多的额外价值(Van Alstyne，et al.，2016)。

随着互联网技术的应用与普及，以平台为核心架构的平台生态系统逐步成为平台经济最具代表性的主要组织形态，使平台企业、供应商、生产商、客户等多主体(Agent)相互协调以实现资源整合(Lusch and Vargo，2014)，由此使得平台化发展趋势下组织管理的关注重点从企业内部向组织间协调转移(Gulati，et al.，2012)，且客户在其中的角色定位从价值消耗者转变为共同创造者，“价值共创(Value Co-creation)这一新兴热点主题应运而生。

价值共创理论从 21 世纪初开始被正式研究，并引发了管理学界的广泛关注，虽然发展相对较晚但却具有重要的研究意义。在企业数量不断增多、产品种类不断丰富的情况下，企业之间的竞争不断加剧，竞争优势不断下滑。此时，如何凸显产品优势，创造竞争优势，已成为企业急待解决的问题。人类社会作为一个开放性的大系统，任何个体、企业都无法脱离社会而实现自给自足，因此所有的个体和组织需要共同合作，共同参与价值创造的过程。价值共创的发展从“消费者被动创造价值”开始，继而发展成为“价值创造”(value creation)，再到如今的“价值共创”，体现了消费者在企业价值实现过程中作用的不断提升。

Prahalad C K 和 Ramaswamy V(2000)认为，价值共创是一个价值实现的过程，在这一过程中，公司需要推动客户进行互动，并进行双向间的合作，进而通过共同作用以实现价值创造。价值共创是指消费者与企业共同思考问题，并在此基础上创造性的通过价值共创来设计或进行其他附加行为，进而实现价值创造。

价值共创被定义为社会经济参与者通过资源整合、服务交换和共享制度共同创造价值的动态过程。在从商品主导逻辑(G-D logic)向服务主导逻辑(S-D logic)，继而向服务生态系统转型的过程中，价值共创作为描述利益相关者之间合作的首要概念，其相关研究以服务主导逻辑为基础展开(Ranjan and Read, 2016)。作为服务主导逻辑的发展方向，服务生态系统理论将价值共创由“企业—顾客”二元视角拓展至利益相关者交互协作的系统视角(S. Vargo and R. Lusch, 2016)。作为平台企业，构建生态系统是其获得生态系统优势的关键，而价值共创是生态系统生存和演化的机制。

以 Vargo S. L.和 Lusch R. F. (2014)为代表的服务主导理念认为，具有资源获取和整合能力是企业获得竞争优势的关键。不难看出，价值共创的主要维度是企业与消费者的互动合作及资源整合。价值共创活动对企业价值共创及竞争优势的提升具有重要作用。企业通过经营活动与消费者进行一系列的互动合作与资源整合，进而推动价值共创的实现。

与传统企业强调产品主导逻辑不同，平台的特性决定其服务主导逻辑。Vargo 和 Lusch 提出的服务主导逻辑认为，价值创造的主体不仅是企业，还包括消费者。平台商业模式具有多边市场特征，而多边市场的优势在于通过平台的联结而产生的网络效应。这种网络效应通过广泛的人与人、组织与组织、人与组织的关系建立而产生价值。

陈威如认为，把供需双方连接，不是中间商获得利益，而是帮助双方得到更多的价值，并且从双赢中创造价值，这才是平台经济的本质。人们很早已经开始关注平台的价值创造和价值获取特性。武文珍和陈启杰(2012)提出，物流平台的价值创造是平台方与需求者、提供者和其他相关利益方的共同价值创造；武柏宇和彭本红(2018)探讨服务主导逻辑和网络嵌入通过动态能力中介变量对网络平台的价值共创的影响机理。肖怀云(2013)探讨了服务主导逻辑下物流企业服务创新的价值创造过程，提出物流企业内部治理是价值创造的重要前提，而资本承诺是价值活动的基础，组织整合是价值共创的关键。Fu 等人(2017)阐述了三种创新模式——产品创新、过程创新和商业模式创新与价值共创及网络效应关系，并指出在平台演化的过程中，网络效应可通过平台服务创新与价值共创活动激发。

1.2.3 数字化赋能相关研究

赋能的概念在社区心理学、管理学、政治学、教育学和社会学等多个领域均有研究，因此赋能(empowerment)是一个多学科多层次的概念(Zimmerman，1995)。赋能的概念尚无统一的定义，在不同情境下或者不同研究层次上有所区别。“赋能”的概念起源于“赋权”，尽管“empowerment”可译为“赋权”和“赋能”，但后者更强调行动能力的赋予。

Merriam-Webster 词典中针对赋能(empowerment)一词的解释，可以从三个层次来理解。首先，赋能可以理解是给予官方权威或者合法权利，其次，赋能可以理解为使个体、组织等能够……最后一层意思则是促进(个体)自我实现(self-actualization)或者影响。

维基百科(Wikipedia)对赋能的解释也大同小异，均解释了赋能的过程，通过学习、参与及合作等过程或机制获取掌控和管理自身相关事务的力量，并以此达到提升个人生活、组织功能与社群生活品质的目的。Leong 等人(2015)将社区赋能概念化为社区掌握其事务的机制或过程，阐述了社区团体使用社交媒体结构赋能、资源赋能和心理赋能社区团体，并完成集体参与、共享识别和协同控制的过程(Ling，et al.，2015)。

国外学者 Rappaport(1984)将赋能定义为，个人、组织或者社区掌握自己生活的过程及途径。Conger(1988)将赋能看作是下属对自身“努力—绩效”期望的提高，也可以说是下属对“自我效能”提高的一个过程。

Gibson(1991)指出，赋能应该是一个社会性的过程，是认识、提升和促进人们满足自身需求并解决自身问题的一项能力，通过管理自身所能影响的资源，使人们自觉自主地控制生活。

Perkins 和 Zimmerman(1995)将赋能定义为，个体或组织以提升对客观环境与条件的控制能力来取代无力感的过程；陈海贝和卓翔芝(2019)认为，赋能是以某些特定的方式赋予那些特定的人群以特别的能力，包括生存、生活和发展能力等，以使他们能从容应对自身问题。潘善琳和崔丽丽(2016)认为，赋能是赋予信息系统或信息技术工具一定能力以弥补个人或组织原先缺乏的能力，实现过去难以实现的目标；周文辉等(2018)将数据赋能看作赋能范

畴下资源赋能的核心，通过提升主体间的连接能力、数据分析能力和信息运用能力，促进平台企业价值共创。汪传雷等(2019)提出，赋能是通过各种技术、技能、工具和方法赋予个体或组织一定的能力，加速解决使用主体过去所不能解决的问题。

赋能理论在管理学领域常常等同于“授权”或者“赋权”，即领导授权员工能够提高员工的工作积极性和工作满意度，从而提高组织效率(王辉，武朝艳，等，2008；尹俊，王辉，等，2012)。许多学者提出，赋能理论主要强调行动者所具备的能力，通过提高个体的表达能力、交往能力和认知能力，激发其内在潜能，从而提升个体、团队和组织之间的关系。伴随着数字经济的发展，由“赋能”概念延伸的“数字化赋能”概念也开始兴起。

1.3 主要研究内容

本书体系架构共分为 7 章，具体内容如下。

第 1 章为绪论，本章主要分析选题背景及选题意义，梳理平台生态系统、价值共创和数字化赋能的相关研究，对研究内容及架构进行阐述，并提出本书的研究方法和理论基础。

第 2 章为物流平台研究的历史脉络，主要包括物流平台的内涵、网络货运平台、物流平台商业模式、物流平台服务复杂性及相关案例分析。

第 3 章为物流平台生态系统的构建，主要包括平台生态系统研究发展趋势、物流平台生态系统的理论框架、物流平台生态系统结构等。本书采用内容分析法对国内外平台生态系统研究的中英文文献进行分析和对比，并在此基础上探讨平台生态系统研究的整合性框架，分析物流企业—物流平台—平台生态系统的跃迁。

第 4 章为资源异质性、物流平台资源整合与价值共创研究，主要包括资源整合理论概述、物流平台资源整合机制及相关的案例研究设计(“物流汇”)。

第 5 章为物流平台、互补者互动与价值共创研究，主要包括互补者的概述、平台与互补者的互动和价值共创研究及传化物流联盟平台案例分析。在物流平台的数字化理论背景和疫情影响背景下对互动服务的紧迫要求，进行数字平台与互补者之间的关联研究，提出互动维度理论框架和点—关系—网络—环境—多主体互动模型，并在此基础上考虑互补性资源整合、互补式创新和基于互动机理的价值共创研究。

第 6 章为物流平台生态系统价值共创，主要包括价值共创理论和物流平台生态系统价值共创理论框架。本章对平台生态系统价值共创理论和研究视角的解读和梳理是为了更好地理解平台生态系统的运作机理，分析平台生态系统价值共创机制的理论框架，打开价值共创的“黑箱”，剖析平台企业与用户、互补者等协同创造价值的路径。

第 7 章为物流平台数字化赋能研究，主要包括平台数字化赋能概述、平台数字化及平台赋能案例。建立数字平台和互补者互动赋能中小微企业战略，为数字平台企业有效构建生态系统和赋能中小微企业成长提供理论依据。具体地说，本章主要通过以下目标组织该课题的研究：①提出物流服务主导型数字平台机理与生态系统研究框架。②提出数字平台与互补者的互动机制。③建立互动赋能和服务赋能中小微物流企业的实证分析方法与体系。

数字平台生态系统作为新型混合形态，使数字平台企业、用户、互补者等多个参与者形成价值共创的复杂网络，以“数字平台概念建构—数字平台企业与互补者互动机理—互动赋能中小微物流企业建构”为主线，阐明数字平台构建生态系统并实现互动赋能和服务赋能的问题，试图融合多个理论视角进行有益的探索，并为后疫情时代现实问题的解决提供理论指导。本书的具体研究技术路线如图 1-2 所示。

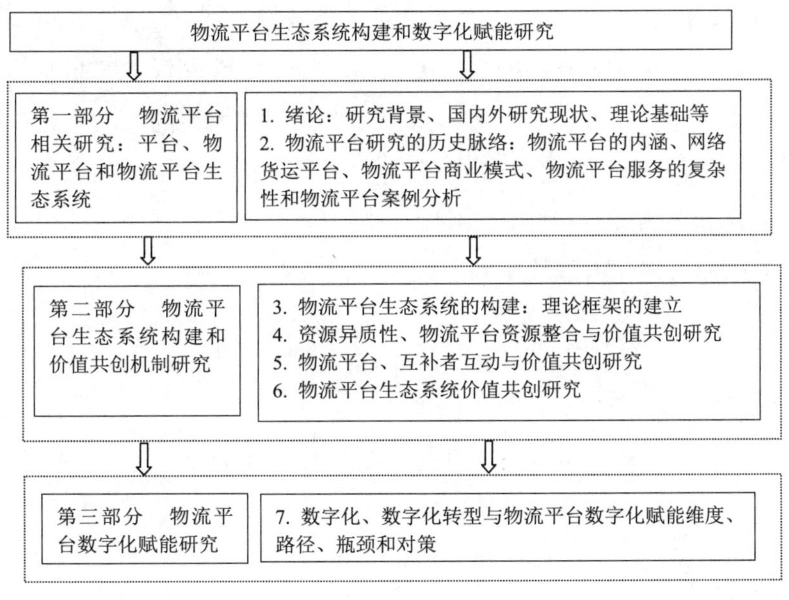

图 1-2 研究技术路线

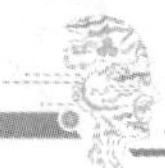

1.4 研究方法

本书充分挖掘和使用相关研究领域的理论研究和实践成果，以“物流平台生态系统和数字化赋能”为主题和关键词，包括系统性文献综述、理论框架的构建、实证案例分析和策略研究。其中，文献梳理和理论框架的建立是重点；理论视角是研究的支架，能帮助读者更好地理解本书的理论部分和案例部分；最后在案例导向下，提出相关策略供读者思考和拓展。

(1) 系统性文献综述，通过 EBSCO、Elsevier 和 Science Direct、中国知网等国内外知名经管类数据库梳理平台和平台生态系统及物流平台生态系统相关研究的热点问题和前沿问题，并在此基础上提出物流平台生态系统整合性框架。通过对图书、期刊、学位论文、科学报告、档案等文献资料的搜集、鉴别、整理、编码等手段，阐述构建物流平台生态系统的理论基础、物流平台的研究脉络、构建物流平台生态系统及物流平台生态系统的价值共创机制等研究动态和发展脉络，运用客观规范分析法构建本书研究的基本理论框架。

(2) 个案研究。Eisenhardt 和 Yin 的研究表示，当回答“为什么”这类问题时，案例研究是优先考虑的研究方法(Eisenhardt，1989；Yin，2008)。为了深入剖析物流平台及其生态系统构建过程中的理论和实践内容，本书选择多个具有代表性的物流平台进行深入调研。其研究过程包括：案例选择、案例描述和分析、案例讨论三个部分；研究方法包括：面对面访谈、行业会议和公司会议观察、数据资料整理和案例剖析等，由此对物流平台构建生态系统、价值共创和数字化赋能的案例进行探索性研究。

1.5 理论基础

1.5.1 复杂系统理论

(1) Ralph Stacey 写的《复杂与管理》(*Complexity and Management*)一书中提出，一个系统是矛盾力量相融与平衡后得到的一个既稳定又有变化，组织成员既理性又追求归属与情感的组织。这样的群体形成人际关系的联结和复杂的结构形态。复杂系统的定义多有不同，是彼此动态关联的，具有自主行为的众多异质节点构成的系统，而且这些节点之间的相互作用使系统的整体表现不等于各个节点表现的加总。各个节点在去中心化的情况下也可交换资源。复杂系统视角主要研究节点及行为和关系在加总过程中出现的“涌现”，如秩序或惯例。罗家德和曾丰又提出，复杂系统的组织研究框架是能动与结构的整合(罗家德和曾丰又，2019)，关注组织内和组织间的联系，强调关键节点的战略选择与结构性条件的结合，从而理解不同层次的系统特征。

(2) 以平台企业为例，异质的企业员工在企业的制度和资源的约束下，运用掌握的资源与其他员工及外部成员交互，以期实现自己的目标。同理，物流平台生态系统不仅是这些个体和组织的特质和行为的加总，而且是个体行为和互动的集合。如果运用还原论把亟待解决的整体问题逐步分解为各自相互独立的子问题，再研究问题的解决方案，势必会阻断子问题各个部分之间的复杂关联与结构，原有的涌现机理也被破坏了，每个部分的问题即便研究清楚了，也无法从系统整体的角度及根本上解决问题。

(3) 在管理学中，管理科学的研究对象(如自然人、组织、机器人)作为不同的能动主体，在一定的环境下为达成特定的管理、经济目标而相互连接形成的系统本质上是一个复杂系统。过去，由于很难对系统中各个微观部分的行为及其互动进行研究，因此被看成“简单系统”。新型信息技术的发展使主体关联可视化，主体多元化，系统复杂程度不断提高。复杂管理组织平台的思想揭示了平台主体根据复杂性问题能重构组织结构和运行机制，动态地优化平台主体和利益相关者，通过自适应和柔性化形成解决方案的环境与条件，再由环境和条件“涌现”出功能(盛昭瀚，2019)。

1.5.2 社会网络理论

物流平台数量将呈现爆炸式增长和“丛林”态势，作为节点联结而成的组织，比传统科层组织或市场机制更多元化和动态化。传统物流产业的线性结构在数字化环境中呈现网络结构，Gawer 和 Cusumano 对平台的生态圈结构与基本原理进行了研究。平台上的多元利益群体及其互动关系构成了社会网络结构，而在平台社会网络结构中，平台领导是核心，拥有对平台网络的治权(Gawer and Cusumano，2014)。

孙国强和李腾在研究企业网络数字化转型时提出，数字化转型路径根据局部节点与联结的不同而划分为强弱联结转型方式。联结的升级驱动着企业网络数字化转型，而企业网络又通过联结对节点进行数字化赋能，从而形成生态路径(孙国强和李腾，2021)。

有些学者将社会学关系的测量方法简单套用以研究企业之间的关系，但企业网络中各主体的行为关系远比社会学研究对象中个人间的关系要复杂得多，其行为和资源及各主体的交互作用所传递的内容和关系对创新的作用也存在巨大差异。从社会网络的视角来看，网络被广泛地定义为系统中相互连接的实体或节点(Borgatti and Xun，2009；Eisenmann，Parker，et al.，2011)，这些节点可以是物流行业中的个体物流企业或物流园区。如果物流平台在生态系统网络中处于枢纽地位，有更多共享知识和信息的可能性，那么就能对其他参与者产生影响力。

Gulati 用社会网络理论中的“嵌入性”和“结构洞”原理说明，企业在网络中所获得独特资源(如网络资源和关系资源)的网络能力是一种核心能力，直接影响企业的战略行为和竞争优势。

在网络环境下，网络资源观将资源基础观与社会网络理论相联系，为研究企业在组织间获得竞争优势提供了有效的补充(寿柯炎和魏江，2015)。网络资源指的是物流平台通过跨组织合作关系获取的，并不被一个公司所拥有或控制，但却能对项目质量和绩效做出贡献的资源(Gulati，1998)。任胜刚(2010)从网络愿景、网络构建、关系管理和关系组合四个维度开发和设计了企业网络能力的测度量表；宋娟娟等(2017)从服务供应链视角将物流服务供应链(LSSC)网络划分为五种子网络：社会关系网络、物流协作网络、市场网络、物流创新网络和声誉网络。

当物流平台在某个市场取得一定优势后，为了进一步获取用户黏性和竞争优势，通常会将这种优势“跨界”转移到另一个新领域构建生态系统。那么，物流平台如何与利益相关者合作以满足对用户需求预测精准性和不断提升及时响应的能力呢？比如，如何将线上服务进一步延伸到线上线下融合领域？物流平台与利益相关者之间的组织间关系是如何演化的？

1.5.3 共生理论

“共生”一词起源于生物学对自然界共生的研究。对于共生，不同的学者给出了不同的解释。自然界的共生是指至少两个物种以对双方都有利的方式交换能量或信息(De Bary，1879)。共生最初是指不同生物作为共生单元在某种共生环境中以某种共生模式形成的组合状态和利益分配关系。随着商业生态系统理论的发展，生态圈的共生现象引起了学者的关注(徐晋，2013)。管理学和经济学领域的共生概念演绎如表 1-1 所示。

表 1-1　管理学和经济学领域的共生概念演绎

主要观点	代表作者
企业间互动是其共生关系持续推进的重要物质基础，也是共生行为的具体体现	Ashton，2011
主体间通过知识、人力资源、技术资源的交换形成的互动关系	Mirata，2004
生态系统中的共生是一种松散的网络关系，网络成员共同承担整体的命运	Bosch-Sijtsema and Bosch，2015

商业生态通过竞合关系创造生态系统，实现企业间的共同演化，形成共生关系(Moore，1993)。物流平台管理者和互补创新的开发商可以发展高度共生的关系(Zhu and Liu，2018)。

共生的本质是共生系统内各共生单元在共生环境中，形成某种共生模式，通过共生过程，在互惠互利中得到进化和发展。每一个共生系统均由共生单元、共生模式和共生环境三个要素组成。共生单元指的是构成共生体系的能量交换单位，如企业和员工。共生关系指的是共生单元相互发生作用及作用的形式或强度。袁纯清从共生行为的角度将共生关系分为寄生关系、偏利共生关系和互惠共生关系；从组织形式的角度将共生关系分为点共生、间歇共生、连续共生和一体化共生(袁纯清，1998)。共生环境指的是共生单元以外共生模式存在的外部条件，如物流平台发展所对应的政策环境。

共生关系的内涵可以从过程视角和结果视角两个方面刻画。前者主要关注共生关系形成及发展的核心特征，后者主要阐述共生关系的价值内涵。许多学者指出，价值共创是共生关系的核心。比如，Adner 认为，共生的核心是在对价值定位具有一致认知的基础上进行价值共创(Adner，2017)；Pera 等人(2016)认为，共生关系是由组织间共同的目标所牵引，各参与者都从价值共创中受益。总体而言，结果视角的研究认为，价值共创作为共生关系建立的核心目标，推动着各参与者共存共演。

共生关系的建立和维持是最终能为参与者创造价值，共生关系是两个或多个具有异质性的组织基于共同目标和愿景所形成的一种相互依赖、相互共存的关系，并且能够共担风险、共创价值(卢珊，蔡莉，等，2021)。

1.5.4　资源基础观和动态能力理论

资源基础观强调了企业内部不可替代资源的异质性，极大地忽视了企业外部网络的延展，而外部网络是正式制度不完善情境下资源流动的媒介。

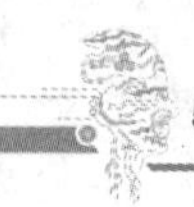

资源基础理论提出异质性资源是企业获得竞争优势的根源(Barney，2001)。动态能力理论认为企业配置异质性资源的能力促使价值的产生(Grant，1999)。网络资源观连接了资源基础观和社会网络理论，根据资源基础观的观点，掌握的资源越多、越关键的企业在平台生态圈网络中就会拥有更高的地位和更多的话语权。而平台的商业模式具有赢家通吃(winner-take-all) 的主导地位和创造性破坏的特征(陈威如和余卓轩，2013)。为了能够掌握更多的关键资源，平台内互补性资产提供主体会不断地从外部吸收资源、信息或知识进行创新。为了能够更好地维持平台的运行与发展，平台领导者以整合为基础，不仅对产品或服务的设计和供给进行管理，也会鼓励平台互补者和用户协同创新，实现平台产品或服务的异质性。这样平台就能够整合存在多个细分需求的市场，实现对平台用户碎片化需求的最大化满足，从而保持用户流量和赢得市场份额。

Vial 将数字化定义为，主体通过整合使用信息技术、计算技术、沟通技术和连接技术对经营活动变革的整个过程。他指出数字化转型现象与动态能力的构建过程较为匹配，而动态能力理论可以帮助企业克服路径依赖与能力惯性，以在动态多变的市场中获得竞争优势(Vial，2019)。Helfat 和 Raubitschek 提出创新能力、环境扫描和感知能力是生态系统编排和平台领导的关键，资源和能力的价值差异取决于公司在生态系统中所扮演的角色(中心或参与者)。

在资源基础观和动态能力理论进一步拓展的基础上，结合对物流平台二手资料的认知，本书把物流平台核心能力定义为，平台企业通过识别外部网络价值与机会、发展、维护与利用各层次网络关系以获取信息和资源的动态能力。物流平台核心能力可以划分为融资能力、服务创新能力、协同能力和声誉能力。

第一，新企业的创立往往需要具备融资能力。对于物流中小微企业或卡车司机群体，他们通常较难从银行获得金融资源，而物流平台的融资能力恰好能将节点企业链接供应链金融和交易支付，使得节点企业保持运营资本。物流平台与风投机构或个人形成投资网络。罗家德等指出，风投机构的联合投资关系构成了产业的网络结构，而行动者则在其中利用网络资源缓解信息不对称，进行资源互补，降低不确定性(罗家德，邹亚琦，等，2016)。在大数据和云计算等信息技术广泛应用下，线上融资方式进一步协助国家的降息政策降低了企业的融资成本，激发了创新创业的积极性，同时促进了不同网络间的资源配置到不同企业间网络。

第二，当物流平台服务创新能力不断增强，具备更多与专业领域相关的知识时，就有潜力产生更多的创新型方法，从而提升服务创新绩效。信息不对称的矛盾常常出现在车货匹配平台领域，所以中间化货运平台应运而生，然而又因为业务过度细分且同质化服务较多，所以造成物流平台竞争意识强而服务创新较弱。樊骅等认为，业务环境对企业员工跨界效能和创新之间起重要的调节作用。物流平台通过业务能力提高平台用户黏性，专注业务细分领域地开拓和建设(樊骅，刘益，等，2016)。

第三，物流平台生态系统的多主体特性决定了物流平台需要具备协同能力。从政府部门的平台相关政策到金融机构的信用等级评估和监督等融资贷款，平台生态系统涵盖了多个企业和相关组织。物流平台企业的线上线下协同、多主体协同的能力有利于集成平台供应链资源，为平台用户提供专业、优质、高效、定制化的服务。

第四，物流平台的声誉能力决定了交易量和信息量。即使移动互联网淡化了企业、用户和网络之间的界限，但人与人之间的信任关系仍然是支撑组织间关系的重要基石。当彼此的信任度高时，供应链绩效就会提高，则有利于信息、服务、观点的传播。物流平台在平台生态圈中承担着构建诚信物流圈的重要角色。

那么，物流平台应具备哪些能力才能为用户提供高水平服务呢？首先，物流平台要具有融资能力，能连接网络节点企业和供应链金融机构，从而获得运营资本；其次，物流平台要具有服务创新能力，能提高平台用户黏性，专注业务细分领域地开拓和建设；再次，物流平台要具有协同能力，能在网络环境下集成供应链节点企业服务资源，为平台用户提供专业、优质、高效、定制化的服务；最后，物流平台的声誉能力是前三个能力的基石，能构建诚信物流生态圈。

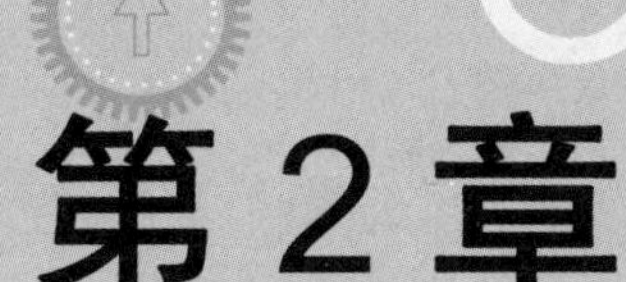

第 2 章

物流平台研究的历史脉络

本章首先梳理平台研究的发展现状，然后围绕主题阐述物流平台的概念、辨析类型及特征，然后从三个角度划分物流平台的类型，并对物流平台的商业模式进行探讨。最后，在这些基础上对物流平台核心能力进行多维度分析。

2.1　物流平台的内涵

2.1.1　物流平台的概念

随着互联网+高效物流的迅速发展，中国物流企业的平台化进程于2013年大规模启动，产生了大量面向物流行业的管理软件、信息系统、车货匹配平台、园区信息化平台、同城配送平台、物流信息平台等。物流平台的定义比较广泛，学者们从多类型多视角提出电商物流平台、车货匹配平台、第四方物流平台、大宗商品物流平台等概念。

王之泰认为，物流平台是“对物流运作起承载和支持作用的以工程和管理为主的环境、条件系统”(王之泰，2010)。物流平台被定义为通过信息技术构建的虚拟物流网络，通过平台整合物流资源，实现物流信息的高效转移与共享(冯耕中，吴勇，等，2014)。王茹红提出了物流平台即是虚拟物流产业集群的观点(王茹红，2017)。陈威如和余卓轩认为，平台生态圈各个层级的互补需求激发网络效应，搜寻网络核心需求间的互补点才能有效盈利(陈威如和余卓轩，2013)。

物流平台利益相关者概念范畴包括地理位置、商业环境、交通基础设施、物流基础设施、物流结构、物流技术、物流信息技术支持、物流专家、物流组织、物流行业监管、联合的互动门户和有组织的利益相关者团体(Cambra，Fierro，Ruiz，2009)。物流平台的产生源于多式联运对于基础设施和服务的需求，物流平台作为使用基础设施产品的附加值而存在(Leal and Perez Salas，2009)。

邢大宁等人(2016)提出了基于云计算、商业生态系统理论和双边市场理论构建物流信息平台连接多个物流服务提供方、多个物流需求方和其他相关企业或机构，实现物流服务线上集成的方案(邢大宁，赵启兰，等，2016)。一方面，平台企业联合物流服务提供方组建物流联盟，为物流服务需求方提供“一站式”综合物流服务(如协同物流信息化运作与管理等)；

另一方面，平台企业运用云计算和大数据为物流服务提供方提供信息匹配、按需租用 SaaS 服务。

冯耕中等人认为，物流信息平台是通过信息技术构建的虚拟物流网络，通过平台整合物流资源，实现物流信息的高效转移与共享(冯耕中，等，2014)。宁卓和李牧阳提出了一种基于联盟区块链的物流业信息平台系统 LIP-Chain，试图解决物流快递行业中多方共同参与物流业务时的协调问题(宁卓和李牧阳，2019)。石学刚和尹纯建将服务供应链理论融入第四方航空物流信息平台研究，平台集成地面物流服务提供商、货运代理、机场货站、航空运输公司、IT 服务提供商等专职物流服务商提供供应链战略规划(石学刚和尹纯建，2016)。宋娟娟和刘伟从双边市场角度把公路货运型物流平台分为四类，分别是信息交换型线上物流平台、贸易支持型物流平台、园区网络型物流平台和专线+加盟型物流平台(宋娟娟和刘伟，2015)。郭丽芳等构建物流云平台，提出用数据为物流企业赋能以实现具有社会化协同功能的服务平台，不仅能提高物流企业的运营效率，还能实现物流业信息的互联互通(郭丽芳，等，2018)。程琳等认为物流平台也是信息共享智能平台，集信息获取、存储、分析及将信息整合为具有决策参考价值的信息资源服务系统(程琳，等，2018)。

物流平台的本质是链接，构建由物流平台(服务集成商)、用户(服务需求方)和物流平台服务提供方及物流平台支持方组成的物流平台生态圈网络，在网络环境中共享资源和信息，通过汇聚和整合分散的、专业化的服务资源，实现价值共创。例如，车货匹配型平台可以实现车货资源的匹配与对接，根据运费里程计算运费，货主可以根据自身需要运输的产品有针对性地寻找承运商；物流平台通过对货主历史运输数据的分析可以帮助企业进行需求预测；物流平台也可以根据车主的喜好及购买记录进行差异化推荐，完成车辆相关配件的销售。如图 2-1 所示。

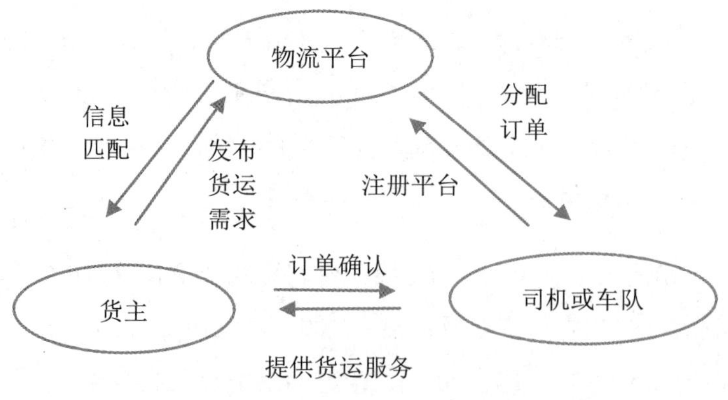

图 2-1　公路货运平台运营模式

2.1.2 物流平台的特征

物流平台的特征有：整合物流资源、网络性、外部性、利他性、可访问性、价值共他性和共享性。

(1) 整合物流资源。物流平台聚集了大量的企业、个人、机构等资源，其核心价值在于整合资源。物流平台的主要内容是：对企业内部信息系统及相关资源、供应链各节点的企业及部门，以社会上现存的、零散的供需资源进行整合。物流平台是由多个参与者组成的，如物流服务需求方、物流服务提供方、海关和工商局等。在平台上，这些参与者可以进行信息的共享、传递及信息查询等活动，不仅可以提高物流效率，而且还可以降低物流成本。

(2) 网络性。物流平台的网络性主要表现在地理位置的网络铺设和情感的网络性。地理位置的网络铺设是指由于运输链的连续性及物流的地域性特征，使物流平台具有网络性特征。物流平台的各个环节之间具有密切的内在相关性，能够与财务、仓储、信息认证、GPS 等系统相互融合，并秉承着开放、分享的态度与跨界整合的思维。信息和通信技术(Information and Communication Technology，ICT)被广泛应用于物流平台，如高级生产计划排程、供应商关系管理、企业资源计划或客户关系管理系统、本地化技术和识别技术(如无线视频识别和条形码)已经普遍应用。

情感的网络性是指物流平台促进了平台生态圈内个人或组织通过社会互动机制增进感情并获得更多的专业知识。以货运 O2O(Online to Offline)社区为例，司机群体不仅需要线下的地面网点服务支持，而且也不能忽视线上业务服务的支持和情感沟通。

(3) 外部性。外部性是平台的属性，是指一个经济主体在自己的活动中对其他主体的福利产生有利或不利影响所带来的利益或损失，强调来自经济主体外的附带影响，而且是一种“非市场性”的调节力量。徐晋(2013)提出，网络外部性也是平台的属性，指的是平台一边的用户的外部性是由同一边的用户和另一边的用户数量所决定的。平台企业正面的外部性可以通过优化资源配置、协调流程以对用户产生积极影响来实现。例如，天猫商城邀请知名人士入驻平台可带来明星效应，不仅可以吸引更多的用户企业加入平台，也可以吸引大量的买方加入，从而形成网络效应。

(4) 利他性。目前的物流平台主要是利他的商业模式，事实上，物流平台并不承担具体的运营活动，但会通过对整个供应链产生影响而增加价值。物流平台自身不具备太多资产，而是通过提供一个双向的交互平台，依赖技术手段和规则制定来获取中间价值，如拼

车配货网站、公共集散平台和配送联盟等。此外，物流平台还具有不受地域限制、形成期限短、运营效率高、运营成本低、平台内成员合作灵活、创新能力与抗风险能力强等特征。

(5) 可访问性。物流平台的可访问性使供需双方都可以了解现有或潜在合作伙伴的各方面信息，包括它们的竞争能力、可信任程度和合作意向等。物流平台的及时性是指供需双方能够迅速地了解网络内企业的信息，及时准确地进行企业间沟通。物流平台的推荐作用是指将各种市场机会或其他潜在合作者传递给需求方，从而起到担保和推荐人的作用。

(6) 价值共创性。在平台经济时代，云计算、ICT 技术、移动互联网促使信息传递更加碎片化，信息传播更加海量化，推动用户在使用物流平台的过程中将信息资源升华为价值共创活动。双边市场理论的主要表现是为双边提供服务，而双边用户存在需求互补、交叉网络外部性、线下实体支持等特征。

(7) 共享性。物流平台的潜在趋势是共享类型的物流企业，能够同化或者吸引中小型物流企业主动靠近并融入，且通过自身的资金优势、技术优势和人才优势真正整合物流行业散、小、脏、乱、差的场景形态，最终使物流平台形成独具特色的生态圈，实现集约化、规模化、标准化的目标。

物流行业中存在很多小微企业，这些企业的规模较小，资金不足，没有能力花费大量的钱购置用于网络平台建设的硬件和软件，而公路货运大数据物流信息平台的门槛相对较低，这样这些小微企业就可以分享大数据物流平台的成果。比如，由好运宝物流信息有限公司开发的连接货主和司机手机的 App，依靠整合国内货车司机资源(包括货车的运量、所处位置和运输路线、运输目的地等) 的信息，为需求方设计多种可选择的运输路径，以应对服务需求方多变的需求，让需求方能准时、便利、低成本地实现货物的运输，同时减少货车的空载率，提高企业收益。

平台的共享特质打破了传统产业集群链条式的供应—生产—销售逻辑结构，而物流平台生态圈的构建就是通过互联网等手段在分散的物流需求方、物流服务提供方和物流资源提供方之间建立广泛联系，并通过一系列技术手段、机制和规则，使它们相互之间形成智能化匹配、透明化交易、标准化接口，以减少不公平竞争，建立新型竞合关系，降低交易成本，提高物流资源利用率，实现降本增效，创造新的盈利空间。

2.1.3 物流平台的类型

2018 年 1 月 11 日，中华人民共和国国家发展和改革委员会、中华人民共和国交通运输部、中共中央网络安全和信息化委员办公室联合发布了首批骨干物流信息平台试点名单，共有 28 家物流平台入选。28 家试点企业从不同的行业业态构建平台生态，将公路运输、铁路运输、海运、多式联运、物流装备、物流技术、公共服务等场景纳入平台模式，其构成要素、场景和商业模式各不相同。根据国家标准化管理委员会 2013 年发布的《物流企业分类与评估指标》(GB/T 19680—2013)，中国的物流企业类型可分为仓储型、运输型、综合服务型三类。仓储型和运输型物流企业属于单一功能服务提供商，只承担仓储或运输或几项物流功能，属于传统物流企业。综合服务型物流企业则弥补了前者在物流协作统筹规划方面的不足，能够提供囊括仓储、运输、配送、流通加工、增值服务等所有功能。商务部发布的《关于促进仓储业转型升级的指导意见》提出：仓储企业的转型之路主要是“功能单一的仓储中心向功能完善的各类物流配送中心转变，由商品保管型的传统仓储向库存控制型的现代仓储转变”，这表明仓储的功能正在扩大化，并向供应链服务提供商转型。

1. 按照供应链节点上的物理距离进行分类

按照供应链节点上的物理距离进行分类，物流平台可分为同城 B2B(Business to Business)物流、城际干线物流、同城 B2C(Business to Consumer)物流、同城 C2C(Consumer to Consumer)物流、B2C 即时物流、C2C 即时物流，如表 2-1 所示。

表 2-1　基于供应链节点的物流平台类型

供应链条	物流业态类型	代表性企业
供应商	同城 B2B 物流	易货嘀、云鸟、唯捷城配、驹马
供应商	城际干线物流	满帮集团、福佑卡车、壹米滴答
制造商	同城 B2C 物流	联报万象、风先生、极客快送
仓库	同城 C2C 物流	58 速运、货拉拉
分销商	B2C 即时物流	蜂鸟配送、美团外卖、达达、点我达
消费者	C2C 即时物流	达达、闪送、人人快递、蜂鸟配送

2. 按照轻资产和重资产进行分类

按照轻资产和重资产进行分类，物流平台可分为轻资产物流平台和重资产物流平台。“轻”和“重”是相对物流基础设施的程度而言的，一般重资产物流平台拥有车队、物流末端基础设施等资金投入较大的设施，比如菜鸟网络、京东物流、顺丰、德邦等综合性平台均具有此特点。菜鸟网络打造智能物流骨干网，不仅在末端配送方面开发了用于查快递的手机应用程序菜鸟裹裹，而且还提供了名为菜鸟驿站的快递代收服务。因为淘宝有着庞大的客源，所以众多快递加入菜鸟网络，这不仅为菜鸟打造了深入城镇市场的快递网络，而且为进驻农村市场的快递网络实现了最后一公里的便利，同时也吸引了更多人使用淘宝进行网上消费。

轻资产物流平台往往资金投入较小、技术投入较大，如表 2-1 中所示的云鸟、易货嘀等 B2B 物流平台和达达、闪送等 B2C 物流平台。这种轻资产物流平台本身没有车辆和物流地产，类似于物流行业的互联网企业，其特点是利用网络和手机客户端提供物流服务，用平台先进的信息技术在网上建立在线车库，其功能是可以实时查询车辆所在的位置，在线设计货物运输方案，公开竞价，还可以建立自己的人脉关系网，方便业务上的联系，以提升平台整合资源的能力。

此外，也有物流平台采用轻重结合的模式，代表企业有福佑卡车。“轻”主要体现在公司建设网络货运平台实现车货匹配，与平台型模式类似；“重”主要体现在公司与客户签署合同(合同物流模式)，使用自有运力或寻找外部运力为客户开展运输服务，需要进行客户拓展、运力聘请等业务，参与整个物流运输的全部环节。

3. 按照公用平台和非公用平台进行分类

按照公用平台和非公用平台进行分类，物流平台可分为物流公共信息平台、第三方物流平台、第四方物流平台。2009 年国务院发布《物流业调整与振兴规划》中明确指出，物流公共信息平台工程为九大重点工程之一，“加快构建有利于共享信息资源的行业和区域物流公共信息平台项目，重点以电子口岸、综合运输信息平台、物流资源交易平台和大宗商品交易平台的建设为主”。

很多城市和地区都已进行或正在进行公用物流信息平台的规划和建设，此类型的信息平台结构如图 2-2 所示。

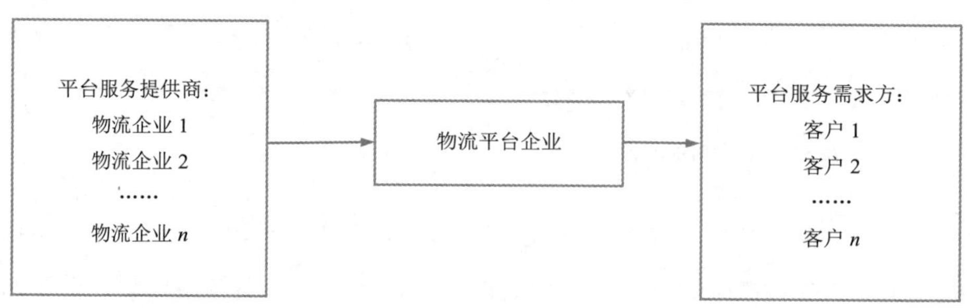

图 2-2　公用物流信息平台

公用物流信息平台如同 B2B 电子商务平台，众多物流企业在这个共同的信息平台上发布自己的服务信息(包括资源的状况和使用的价格)，如果某些物流企业为了招揽业务而提供虚假信息，那么将增大客户的机会成本；对于服务需求方，客户在这个信息平台上进行资源搜索并与服务提供方进行议价等谈判，增大了客户获得物流服务的成本。公用物流信息平台模式最大的弊端是没有能力对平台上的物流资源进行有效整合，无法为客户提供标准化服务，更谈不上资源的协同使用，充其量就是一个物流资源分享平台。

例如，国家物流信息平台上线“货运行程宝”小程序，关联手机号就能直接调取《新型冠状病毒疫苗货物道路运输调运单》电子版，帮助司机快速地向相关工作人员出示疫苗运输凭证，协助保障疫苗运输车辆优先通行并免除通行费，解决了药企和司机的难题，实现了调运单的线上调取和实时核验，为新型冠状病毒疫苗货物运输通行效率提供了坚实的服务保障。

物流园区平台以物流园区为节点，通过 App 或网站，为用户提供配货交易信息服务，线下联合银联、保险、工商等部门，为需求方提供支付、融资、财税等其他增值业务，公路物流网络覆盖了全国多个物流园区。

专线+加盟型物流平台也可以叫做零担加盟平台，旨在打造全国物流运输网络平台，以建立区域专线配送及加盟打造区域的运输和配送网络，以建立省外专线为干线运输，同时链接区域与区域之间的运输，以打造全国性的运输网络。同时，通过第三方物流、货代加盟、网上交易、电商的导入为平台增加货源需求。

第四方物流平台是指以互联网为媒介、以信息技术为手段，体现物流平台价值网络体系的商业模式。传化第四方物流平台将长途干线的物流 O2O 平台——陆鲸、城市物流服务平台——易货嘀、中小微物流企业一站式服务平台——运保、物流金融平台——传化钱包整合到网络中互为支撑，能够更好地联系平台客户和实现价值共创。石学刚和尹纯建将服务供应链理论融入第四方航空物流信息平台研究，平台集成地面物流服务提供商、货运代理、机场货站、航空运输公司、IT 服务提供商等专职物流服务提供供应链战略规划(石学刚和尹纯建，2016)。

4. 按照线上和线下进行分类

互联网+物流平台的出现不仅能解决信息不对称的问题，实现全行业降本增效，而且促使了大量物流平台运营商及车货匹配 App 等工具软件的加入。其中，较为有名的有以下两类。

第一类是以线上平台为主，通过线上平台进行车货信息的搜集和匹配，如以车货匹配为代表的满帮集团。满帮对于车货匹配成功的用户不收取佣金，但却通过这种简单快捷的线上服务模式迅速集聚了 520 万名司机会员和 125 万家物流企业，占据了近 90%的市场份额。线上完成布局后，满帮凭借用户规模优势，将线上平台业务拓展至车后增值服务，推出了货车 ETC 卡的发卡充值服务；同时积极打造线下服务平台——货车帮智慧物流示范区，在贵阳和浙江义乌建成并投入运营了线下实体物流数字港，提供轮胎、保险、维修汽配、货车司机就餐、住宿等增值服务。

第二类是通过打造线下服务中心，整合当地分散的车源与货源，逐步在全国形成网络布局，并在此基础上发展配套的线上平台，实现线上线下联动，代表公司有传化智联。传化智联首创公路港模式，通过修建公路港城市物流中心，将车辆和货物集中在线下公路港区内，在线下平台内进行货物分拣、车货信息的统计、仓储、货物收发等各环节，再通过全国的多个线下物流中心实现跨区域联网，最终在线下公路港网络的基础上建立线上平台。

2.2　网络货运平台

2.2.1　从无车承运人到网络货运平台的转型

据统计，我国近 92.8%的物流企业平均车辆数少于 5 辆(含挂靠)，且从事公路运输的经营主体有 92%为个体司机。车辆运输效率偏低，月均 5000 公里以内的占比高达 60%，月均 10 000 公里以内的占比 84.3%。基于提升物流行业车辆运营效率等方面的考虑，拥有车辆的主体逐步从车队转变为个体运输户。这种现象导致运输户运力规模更分散、规范性较弱、单车日均行驶里程较短等现状，从而使集约化管理的难度较大，规模效应难以充分体现，物流成本严重居高不下。于是，在传统的道路运输承运人和货代公司的基础上，产生了专门匹配货源和运力的无车承运人平台。

对于物流企业而言，外部竞争压力的白热化，第三方物流运输过程的透明化需求，客户服务水平的提高，引发了服务层面的挑战。在物流行业市场，社会效率主要靠熟人所聚集的黄牛圈。国家提出物流行业降本增效的要求，对运输的数字化、智能化、集约化提出要求；对于政府而言，行业管理诉求集中在政府直接管车较难的问题，而网络货运平台则易于管理。

无车承运模式在 2016 年开始试点。无车承运企业需要取得《道路运输经营许可证》，其经营范围为道路普通货运(无车承运)，并与实际承运人签订运输服务合同，建立相应的赔付机制，承担全程运输责任。相较于传统公路港模式，无车承运人模式更加不受物理位置的限制。

无车承运人试点于2019年12月31日结束，交通部2019年9月6日公布的《网络平台道路货物运输经营管理暂行办法》，要求通过网络平台经营道路货物运输的企业需取得《道路运输经营许可证》，正式将无车承运人更名为网络平台道路货物运输业务，即网络货运平台。

2.2.2 从罗宾逊物流看美国“无车承运人”的发展历程

1980年以前，公路货运由美国政府定价，管制极其严格。1980年以后，美国推出大量法令，为物流运输行业松绑。这具体包括：重新放开新卡车公司的准入门槛；放开自主定价及运营限制，允许州际之间的卡车互通；解禁并大力支持无车承运人业务形态。道路运输大解禁后的15年间，美国“无车承运人”的数量由70 多家增长至1万多家。

1905年，罗宾逊物流(C. H. Robinson)在北美成立，以果蔬分包及物流业务起家，1980年，美国的运输大解禁之后，公司在1990年底向“无车承运人”转型，将公司定位成为承运方提供服务与运力的销售公司，为客户提供全国乃至全球一体化物流运输解决方案，同时将重资产卡车部分剥离，把卡车运输与资产管理交给专门的企业来做。公司于1997年上市，目前是全球最大的第三方物流公司(3PL)之一，是轻资产物流运输服务商的典范。全球网络覆盖北美洲、欧洲、亚洲、南美洲及中东地区等世界各地，拥有超过68 000家运输供应商，涵盖卡车运输、铁路运输、空运运输和海运运输等多种模式，并运用先进的信息平台技术，服务于全球12万家客户。罗宾逊公司的主营业务可分为运输、采购、支付三大部分，其中运输业务占比超 90%。

罗宾逊公司开创了“无车承运人”轻资产运营模式。虽然没有卡车，但在运力端掌握了话语权。罗宾逊公司为客户挑选最合适的车队或司机，通过整合大大小小的整车物流运力资源，依托其研发能力与信息技术水平，为承运方提供一体化、标准化且性价比高的运力解决方案。

罗宾逊公司的大部分全球网络业务都在“Navisphere”平台上运行，该平台将客户需求与运力供应商能力相匹配，完成整个运输交易。承运人使用 Navisphere Carrier 应用程序，能够访问可用货运、提供在线状态更新、跟踪应收状况并上传扫描的文档。

货车司机使用 Navisphere Driver 应用程序，能够为自己提供负载状态自动化功能，可以选择允许应用程序在传输过程中自动执行定位服务，还可以捕获并上传提单文件以启动付款流程。此外，公司的追踪功能还能够为客户提供实时货车负载状态的相关信息。

罗宾逊公司的资源整合机制如图 2-3 所示。

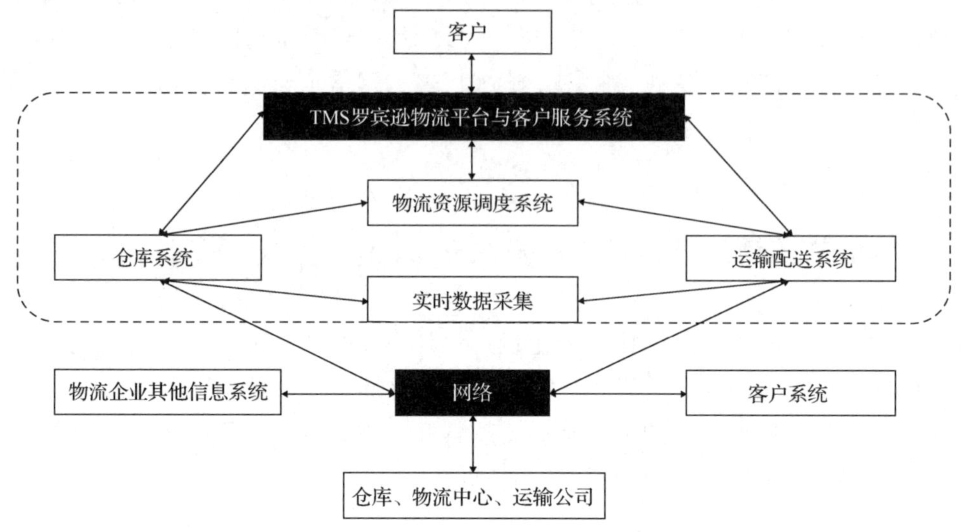

图 2-3　罗宾逊公司的资源整合机制

(资料来源：根据公司网站信息绘制)

2.2.3　网络货运平台的商业模式

根据党中央国务院关于“互联网+”高效物流及促进平台经济规范健康发展的工作部署，2019 年 9 月 6 日，中华人民共和国交通运输部、国家税务总局联合印发《网络平台道路货物运输经营管理暂行办法》，规范网络平台道路货物运输经营(简称网络货运)，培育现代物流市场新业态，加快推进道路货运行业转型升级和高质量发展。网络货运平台政策的相关内容如表 2-2 所示。

表 2-2　网络货运平台政策

时　间	政策具体内容
2016 年 9 月，全国无车承运人试点工作开始	交通运输部：《关于推进改革试点加快无车承运物流创新发展的意见》。国家首次规范无车承运人业态，明确表示将加快行业建设
2017—2018 年，无车承运人试点推进	交通运输部：《关于进一步做好无车承运人试点工作的通知》&《关于深入推进无车承运人试点工作的通知》。国家首次公布全国 283 家试点企业名单，对经营数据进行监控，持续推动行业稳步发展

续表

时　间	政策具体内容
2019 年，网络货运新时代到来	交通运输部、国家税务总局：《网络平台道路货物运输经营管理暂行办法》。国家首次出台网络货运经营管理办法，整顿货运市场秩序，摒弃信息撮合，促进行业健康发展；2019 年 12 月 31 日，为进一步优化纳税服务，提高货物运输业小规模纳税人使用增值税专用发票的便利性，国家税务总局发布《关于开展网络平台道路货物运输企业代开增值税专用发票试点工作的通知》
2020 年，全国第一批网络货运平台企业名单公示	中国物流与采购联合会依据《网络货运平台服务能力评估指标》(T/CFLP 0024—2019)团体标准和中国物流与采购联合会网络货运平台企业评估程序的要求，公示了中国物流与采购联合会物流企业综合评估委员会第一次会议审定通过的第一批 A 级网络货运平台企业名单
2022 年，互联网货运平台标准发布	中国交通运输协会发布《互联网货运平台安全运营规范》团体标准

《网络平台道路货物运输经营管理暂行办法》对网络货运经营的定义：网络货运经营是指经营者依托互联网平台整合配置运输资源，为托运人(货主)和实际承运人(物流公司、司机、货运部)提供信息中介和交易撮合等的服务平台。网络货运平台以承运人身份与托运人(货主)签订运输合同，委托实际承运人(物流公司、司机、货运部)完成普通货物的道路运输(不包含危险品)。

网络货运平台的发展路径有：1.0 交易匹配平台、2.0 财税合规服务商、3.0 单车税务方案和 4.0 运输生态，具体如表 2-3 所示。

表 2-3　网络货运平台的发展路径及对比

	服务模型	费解决方案	评价
原生态	承运商、司机	现金、油卡&ETC	存在合规风险
1.0 交易匹配平台	承运商—网络货运平台—司机	• 对上代替司机向上游开票 • 对司机依然通过现金、油卡&ETC 等形式支付运费	• 业务线上化，但未解决税务问题 • 未能解决司机端的合规风险 • 无法解决司机的个税问题
2.0 财税合规解决方案	甲方/三方—网络货运平台—承运商&司机	• 与地方政府谈整体打包税务解决方案 • 将司机变为个体户 • 对上开具 9%增值税专用发票 • 对下向承运商支付管理费、向司机支付运费(油卡&ETC)	• 解决了向上游的开票问题 • 解决了司机端的合规风险及个税问题

续表

	服务模型	费解决方案	评价
3.0 单车税务方案	承运商—网络货运平台—司机	• 面向司机进行单车税务核算	• 实现面向司机的单车结算和税务管理
4.0 运输生态	甲方/三方—网络货运平台—运力	• 对上承接业务 • 对下管理运力 • 车后(汽车后市场)集采	• 构建运输生态

(资料来源：罗戈研究)

网络货运平台在整个业务链条中对托运人(货主)承担的责任有：保障货主货物运输安全的责任、对货主承担货损货差的责任、处理货主投诉的责任、直接收取货主运费的责任、对货主开具运输发票的责任。另外，对平台实际承运人(物流公司、司机、货运部)亦需承担追偿、监管、及时支付运费、辨别核实实际承运人证件及运营车辆证件真伪的责任。同时，也存在物流白条、物流信用卡和金融信用问题，尤其是司机贷款和平台担保相关的问题。关于承运人定义的内容如图 2-4 所示。

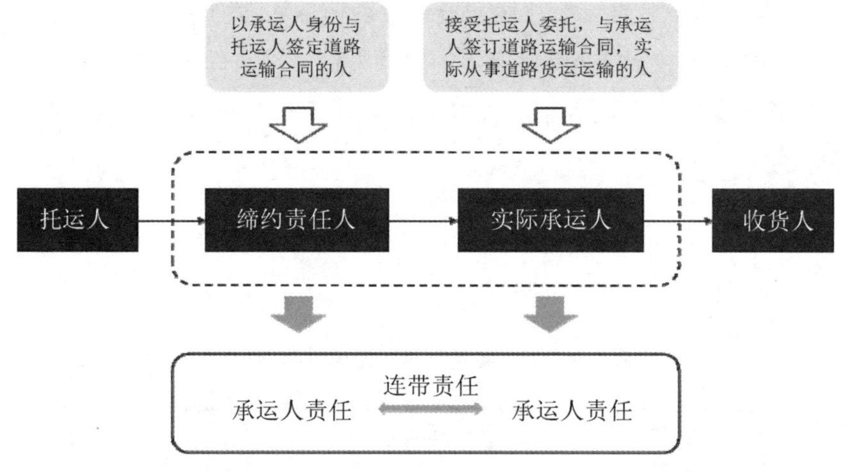

图 2-4　承运人定义

(资料来源：交通运输部，罗戈研究)

网络货运的核心是依托互联网新业态，对货源组织、运力调度、全程管理进行互联网化。互联网是传统业态发展的基础，网络货运平台是网络平台+道路货运经营的融合，其核心优势可概括为以下五点。

(1) 利用大数据优化物流组织调度：企业增加信息化建设；整合资源，降低空载率。网络货运平台承接托运方与承运方两端，为双方提供最优解决方案。对于托运方，可以帮助他们整合分散的运力资源，使他们能专注于生产或服务自己的专业，促进社会分工专业化。对于承运方，连接众多客户，为其规划最优路线，尽可能降低空车行驶路程。

(2) 保证交易环节的通畅和数据的真实性：打破物流交易的区域壁垒，保证信息的可追溯性。

(3) 利用大数据打造企业和客户的用户画像：增加用户的黏性，提供个性化的增值服务，建立网络货运的生态系统。

(4) 加大先进物流设备的投入使用：提高物流行业内设备的智能化水平，发展智能设备的研究，开展智能设备增值服务。

(5) 规范了增值税发票开票问题：2016 年 3 月 23 日，财税〔2016〕36 号，财政部、国家税务总局《关于全面推开营业税改征增值税试点的通知》明确规定，无车承运业务按照“交通运输服务”缴纳增值税，适用的增值税税率为 9%。

2017 年 8 月 14 日，国家税务总局公告 2017 年第 30 号，扩大无车承运人可抵扣项目。《关于跨境应税行为免税备案等增值税问题的公告》规定，纳税人以承运人身份与托运人签订运输服务合同，收取运费并承担承运人责任，然后委托实际承运人完成全部或部分运输服务时，自行采购并交给实际承运人使用的成品油和支付的道路、桥、闸通行费，符合条件的，其进项税额准予从销项税额中抵扣。

2019 年 12 月 31 日，《关于开展网络平台道路货物运输企业代开增值税专用发票试点工作的通知》(税总函〔2019〕405 号)明确，对于网络货运平台上的撮合业务，在平台获得税务代开试点资质后，平台可以代司机开 3%增值税专用发票给托运人；对于自营业务，可以请主管税务机关代司机开 3%发票给网络货运企业。

2.2.4 网络货运平台的监管

2021 年 4 月，“互联网货运平台安全建设”研讨会在北京召开，会议由货拉拉与中国交通报社联合举办。此次会议围绕互联网货运平台安全建设如何从制度和技术层面推进等议题展开讨论，与会专家在安全责任边界、司机资质审核、平台可持续发展等方面进行了深刻探讨。

(1) 明确平台主体责任。互联网货运是依托互联网平台整合配置运输资源，并由实际承运人来完成运输的货运组织方式。货拉拉与网约车平台的性质不一样，货拉拉是向司机收取信息服务费用，是信息撮合者。一个平台除了应当承担现有法律框架下的法律责任外，还应该主动承担社会责任和道德责任。

(2) 安全体系的建设。2020 年 1 月 1 日，中华人民共和国交通运输部、国家税务总局联合印发的《网络平台道路货物运输经营管理暂行办法》(简称《暂行办法》)指出，安全体系的建设要围绕“人、车、货”三个方面做工作。在保障货物完好无损送达目的地的基础上，还应重点探索和完善保护货主与司机人身安全的方法。目前来说，互联网货运平台还存在风险点，如车和司机不一致的问题，但这方面已经可以通过技术手段加以解决。针对违规装载的现象，需要加强对司机的管理，同样可以通过技术手段解决。面对违禁品运输问题，则要加强货物的查验，督促司机进行装物前检查。

(3) 货运司机群体灵活就业。各互联网货运平台在制定司机准入门槛时并没有形成统一的标准。在司机加入平台时，应事先做背景调查，事后进行“黑名单”排查。

(4) 税务的合规风险。不少网络货运平台利用运单数据据实列支或者以向当地税务部门申请开具 3%的增值税专用发票的依据，把开票和解决税务问题作为业务发展点，而并非把降本增效作为发展的立足点，致使网络货运平台间违规、相互委托运输等刷单开票的情况(如运费变工资、油卡抵运费、油卡异地抵扣、买卖发票、虚假抵扣、轨迹异常、资金流水异常等)大量存在，在增值税进项税额抵扣、燃油票、运输票、通行费票上，很难做到完全合规。

2.2.5　网络货运平台的发展方向

网络货运平台未来仍面临较多挑战。从短期来看，同质化竞争、数据沉淀、整车运输非标准化、合规化是当前网络货运平台亟待解决的问题，其中数据沉淀是核心问题，当真实数据得到良好的积累，通过大数据计算能够生成数据库时，可形成精确的司机标签、客户标签，再通过数据算法计算实现精准匹配与交易，从而能够解决整车运输的非标准化问题和合规问题。

网络货运平台未来更看重纵向层面和横向层面服务能力的提升。互联网+模式不仅需要数字化技术的使用，同时也关注服务范围的多元化和增值化，以增强用户黏性。参考美国罗宾逊的发展模式，虽然平台采用了轻资产模式，但却在全球拥有约 73 000 家承运商，强大的运力池保障了其为客户服务的横向能力。在纵向服务客户方面，罗宾逊拥有整车、零担、空运、海运、多式联运等多样化服务业态，几乎能够为任何业态的客户提供一体化物流运输解决方案。因此，随着中国网络货运平台企业的数据沉淀与合规化水平的提升，可在横向和纵向服务层面为客户提供全面且高质量的服务。例如，能够依靠历史数据筛选平台不同等级运力和客户，实现运力等级划分，对服务进行二次定价；能够提升对客户的服务能力及平台自身的盈利能力等。

网络货运平台在未来将向产业互联网整合方向拓展。对于专业运输型、综合服务型的货运平台公司来说，产业整合方向或是未来发展的路径。这些公司大多拥有自有车辆，自身就是物流整车运输链条中的某一环节，而且还同步打造了线上互联网平台服务线下物流运输业务。例如，传化智联股份有限公司拥有线下公路港，便于以公路港仓运配为基础向供应链上下延伸与整合；福佑卡车、则一供应链等拥有自营车队与稳定的客户，便于围绕大客户与自身强控运力开展纵向业务深化与横向服务拓展，发现当前所处市场环境的痛点并提出解决方案，延伸服务领域与范围，实现自身业务规模与盈利空间的扩大。

2.2.6 小结

网络货运平台的健康发展对推动物流效率提升具备较强的社会价值和经济价值。

其一，帮助供需双方更好地适应当前生产—销售模式，尤其是商品供应链升级驱动整车运输市场零担化。

其二，帮助提升卡车司机的职业获得感。网络货运平台正在成为零散运输司机寻找货源的主渠道，也是卡车司机的“精神家园”。

其三，未来，网络货运平台企业会继续沿着服务能力提升与产业整合两条路径发展，两者之间可以融通。

2.3 物流平台商业模式

商业模式的研究已成为企业获取核心竞争优势的重要手段。商业模式是指企业运营的逻辑和规范，已经成为国内外学者争相热议的话题。不管是自建平台还是入驻平台，许多企业都意识到平台的力量，并开始展开对平台商业模式的相关研究。王生金基于扎根理论研究了平台商业模式的本质及其特殊性(王生金，2015)。结合平台商业模式与服务供应链理论提出“互联网+”的供应链平台生态圈商业模式，这个平台定位为，能有效整合物流、信息流、资金流、商流和服务流五流一体的“一站式”供应链整合共享平台，提供从设计、生产、流通、消费、服务等全程一体化供应链服务。这是基于平台能整合供应链服务、实现平台服务创新的思路(邢大宁，等，2018)。

冯耕中等总结了八种典型的物流公共信息平台商业模式，即信息资源共享模式、数据交换中心模式、物流资源交易模式、基于物流业务流程管理的供应链集成整合模式、云物流 SaaS 服务模式、物流金融模式、指数交易模式、社交网络模式、混合服务模式等(冯耕中，等，2014)。

目前，学术界对物流平台的理论研究远远赶不上物流平台实践和物流技术的发展速度。较多学者研究了平台生态圈的诞生(陈威如和余卓轩，2013)、平台企业运营机制和发展战略(李雷，等，2016；王茹红，2017；Thomas，et.al.，2014))和物流平台的内涵特征(冯耕中，等，2014)。在物流平台的内涵方面，物流平台被定义为，通过信息技术构建虚拟的物流网络，通过平台整合物流资源，实现物流信息的高效转移与共享(冯耕中，等，2014)；王茹红(2017)提出了物流平台即是虚拟物流产业集群的观点。陈威如和余卓轩(2013)认为，平台生态圈各个层级的互补需求可以激发网络效应，通过搜寻网络核心需求间的互补点才能有效盈利。

在物流平台运营机制方面，王茹红(2017)提出了基于价格整合机制、信任整合机制与服务整合机制及政府支持体系的物流平台资源整合框架。李雷等人(2016)认为，平台生态圈是一种虚拟组织，平台企业通过孵化机制、能力机制和利益分配机制分别提供能力、运营资源和经济资源，通过互动机制提供沟通渠道以保证参与方的合作程度。石学刚和尹纯建(2016)将服务供应链理论融入第四方航空物流信息平台研究，而平台集成地面物流服务提供商、货运代理、机场货站、航空运输公司、IT 服务提供商等专职物流服务提供供应链战略规划。

在物流企业创新领域，肖怀云(2013)探讨了服务主导逻辑下物流企业服务创新的价值创造过程，提出物流企业内部治理是价值创造的重要前提，资本承诺是价值活动的基础，组织整合是共创价值的关键。Fu 等人(2017)阐述了三种创新模式——产品创新、过程创新和商业模式创新与价值共创及网络效应的关系，并指出在平台演化的过程中网络效应可以通过平台服务创新与价值共创活动激发。

在物流平台生态圈情境下，每一个物流平台都是一个社会行动者，它们与用户、银行等利益相关者的联系使得这些物流平台构成社会网络(刘军，2004)。Burt 总结了社会网络的三种信息优势，包括可访问性、及时性和推荐作用(Burt，1994)。物流平台的可访问性使得供需双方了解到现有或潜在合作伙伴的各方面信息，包括它们的竞争能力、可信任程度、合作意向等。物流平台的及时性指的是，供需双方能够迅速地了解网络内企业的信息，及时准确地进行企业间沟通。物流平台的推荐作用是指将各种市场机会或其他潜在合作者传递给需求方，从而起到担保和推荐人的作用。物流平台的社会网络促进了平台生态圈内个人或组织通过社会互动机制增进感情和获得更多的专业知识。以货运O2O社区为例，司机群体不仅需要线下地面服务、网点服务的支持，而且也需要线上业务服务的支持和情感沟通。

这些模式的共同点在于：①通过信息技术构建虚拟的物流网络，通过平台整合物流资源，以实现物流信息的高效转移与共享；②在“互联网+”的环境下，信息越来越透明，企业的转移成本越来越低，使物流平台竞争模式转化为跨行业、跨企业、跨地域的生态系统和平台之间的竞争；③物流平台在网络环境中共享资源和信息，通过汇聚和整合分散的、专业化的服务资源，实现价值共创，为用户提供系统化、集约化的高水平服务。

以北京云鸟科技有限公司(以下简称“云鸟”)为例，它成立于2014年11月，而云鸟配送隶属于北京云鸟科技有限公司，是一家致力于同城配送的互联网平台，通过整合优质货运车辆，在平台以公开竞价招投标的方式，为企业客户提供专业的配送解决方案。云鸟配送的商业模式如图2-5所示。

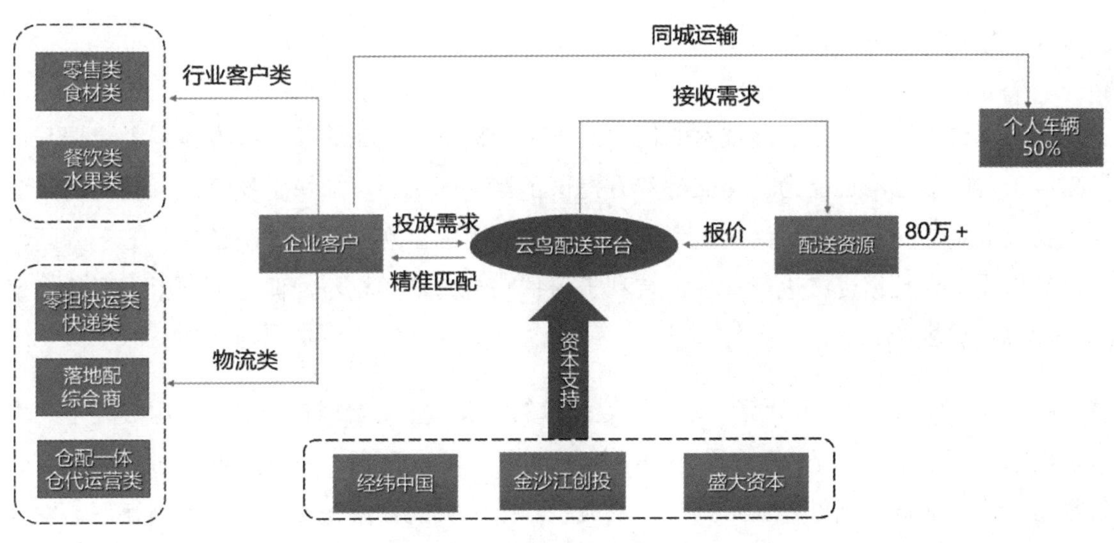

图2-5 云鸟配送的商业模式

2018年6月，“梧桐共享”为客户提供优质运力，为司机提供就业机会及保证收入服务。梧桐计划即以城市配送为场景，以服务司机为核心，以车联网技术和大数据处理平台为保障，联合主机厂、银行、保险、金融机构、车后维保、培训机构等周边优质的供应链，共同建筑车辆生态圈。①业务分配方面，直接对接各大物流客户，为司机提供一手优质物流项目，有货源保障，也保证了司机的运费收入；②运维方面，招募优质合伙司机，对司机进行专业培训，处理司机出车异常的问题；③真正实现梧桐共享，为 3 亿想加入物流行业的司机，降低了加入门槛。

2.4 物流平台的服务复杂性

运用服务主导逻辑(SDL)探讨物流平台的服务特征，尤其是 5G、大数据、物联网、人工智能等数字技术转化为产品或者服务的理论架构和实践应用。物流行业的属性决定了互联网背景下的物流平台生态圈的运营是由运输、仓储、营销、研发、信息、大数据、金融、物联网等若干相互独立而又彼此关联的子系统组成的。物流平台作为物流服务整合运营商，提供标准化基础服务、多样化增值服务、个性化定制服务和基于时间、空间和要素组合的创新性服务。

2.4.1 大数据服务

物流平台可以通过数字化技术的使用，为用户提供多元化服务。一方面，大数据强化了物流平台的信息沟通能力，为交易双方提供了互动的机会，加快了物流信息的流通，减少了物流信息的交易成本，为物流企业商业模式创新的出现创造了先决条件；另一方面，通过对物流平台数据资产进行管理，有利于保护平台用户的权益，促进平台用户群体集聚(Osterwalder，2004)。

由于(移动)互联网、云计算、大数据等技术的普及，使平台用户在平台使用过程中产生海量数据，而线下实体平台和线上网络平台通过记录客户数据、车辆数据、司机数据、交易数据、路线数据、诚信评估数据等，形成了一个庞大的数据仓库，可在车辆管理、安全管理、订单管理等方面进一步优化流程。

(1) 对平台车辆实时监控与管理，利用大数据技术与遥感技术，可以实现对车辆与路况的实时监控。

(2) 对车辆安全相关指标的变动情况进行分析，寻找变化的原因，尽早采取行动强化安全管理，从而实现强有力的监控与管理。

(3) 通过对订单、路线、车辆等因素进行综合分析，对订单进行智能匹配，以及通过对路况条件进行分析，为物流运输寻找最佳方案。

以中储智运网络货运平台为例，其智慧物流系统(“物流大数据”)的分析与预测包括货主分析、承运人分析、线路分析、仓库方分析、公共库管理、线路智慧预测、仓库预测等，能实现以平台数据及外部数据为中心多维视图的平台运营分析和数据预测。其中，平台建立的车、货、人数据库能够精准抓取并分析整个业务链的车和货数据，将它们与注册司机的诚信背景数据进行智能匹配，开发最优运输路线规划、返程空车货源匹配等效能提升算法，最大程度解决空跑、运力闲置、车货不匹配的问题。返程车辆的智能配对可以最大化实现合理运输，形成对流与闭环运输，降低返程车辆空驶率及无效运输带来的能源浪费，减少中间环节实体配载站的社会资源消耗。

平台可以根据客户的需求深度挖掘数据背后的解决方案，为用户提供供应商选择方案、客户需求分析、仓储功能与规模定位、运输路线优化、最优库存管理等一系列解决方案。比如，UPS 的大数据分析系统不仅记录了每位客户的基本信息，而且还对每位客户邮寄包裹的信息进行分析，可预测客户包裹的类型、重量等。DHL 速递货运公司通过对末端运营数据的采集，实现了全程可视化的监控及最优路径的调度，精确到了每一个运营节点。DHL 的包裹配送人员能够实时收到顾客的位置信息，防止配送失败，甚至可以按需更新配送目的地。

2.4.2 区块链服务

2020 年 9 月 9 日，由中华人民共和国国家发展和改革委员会官网获悉，国家发展和改革委员会同工业与信息化部、财政部等十四部委联合印发《推动物流制造业深度融合创新发展实施方案》指出，要积极探索和推进区块链、5G 等新兴技术在物流信息共享和物流信用体系建设中的应用。传统物流企业普遍存在业务链条较长、效率较低等问题。一方面，基于现有平台和流程的物流和供应链各业务环节和上下游协同模式相对固化，网络货运平台需多方协同才能打破固有壁垒；另一方面，网络货运平台的发展不仅需要物流企业之间的合作，而且也需要相关部门从标准化、政策、立法层面进一步推动。

Satoshi 指出，区块链是由网络各节点共同维护、管理和监督，具有去中心化(decentralized)

和无需信任(trustless)等特点。区块链最大的核心价值是“信任”。在物流场景下，区块链技术将助力企业实现企业内控、金融增信和保险集成，解决企业融资难的问题。利用区块链技术，能够让供应链各节点参与方及时同步资金流、物流、交易的真实数据，减少重复核验环节，优化资源利用率，提升行业整体效率。区块链技术更适合落地于价值链长、沟通环节复杂、节点间存在博弈行为的场景，利用区块链技术将提升跨主体协作的效率、降低相应成本，也将对传统信息技术进行升级、对现有商业环境进行优化。同时，区块链技术的应用也对物流企业的技术能力带来了极大的考验。

区块链技术的主要特点包括数据记录的可靠性、资产归属的透明性、交易即结算、基于可信数据和可信智能合约实现的跨主题协作，而产业区块链是区块链赋能实体经济的最佳通道，也是新技术推动社会变革的新场景。由于区块链技术具有去中心化、开放性、安全性等特性，因此使这一技术非常适用于物流、供应链等相关行业。区块链技术最重要的应用场景之一就是物流产业，已在电子运单、电子仓单、物流发票、物流追踪、物流金融等场景落地。

区块链的相关概念如表 2-4 所示。

表 2-4　区块链的相关概念

类　型	概念阐述
公有链	是指无官方组织及管理机构，无中心服务器，全世界任何人、任何节点都可以按照系统规则自由接入网络，参与交易和共识过程并开展工作，且交易等活动信息可以得到有效确认的区块链
联盟链	是一种需要注册许可的区块链，仅限于联盟成员参与，加入时需要申请和身份验证，并提供对参与成员的管理、认证、授权、监控、审计等全套安全管理功能。联盟链上的读写权限、参与记账权限按联盟的规则来制定，整个网络由成员机构共同维护，网络接入一般通过成员机构的网关节点接入，共识过程由预先选好的节点控制
私有链	一般是指建立在某个企业或私有组织内部的区块链系统，只供该企业或私有组织使用。私有链的运作规则根据该企业或者私有组织的具体要求进行设定
产业区块链	是基于区块链的技术和商业模式，对各垂直行业的产业链和内部的价值链进行重塑和改造，从而形成的价值互联网形态和行业生态。产业互联网+区块链技术形成了产业区块链

在物流与供应链领域，通过供应链溯源来保障食品安全的应用已广为人知。据 IBM 和沃尔玛合作的猪肉溯源数据显示，产品从农场到零售商货架的追踪，传统模式需要七天，

而利用区块链仅需两秒。在此基础上区块链技术被应用到供应链溯源上打造公有链。

区块链+物联网可应用到物流平台上，具体如下。

第一，区块链可帮助用户创建安全的身份验证和授权机制，而物联网可通过终端设备的绑定对搜集的数据进行身份确认和授权，从而在平台上形成数字化资产。当数据资产上了区块链，可明确归属方，防范平台外未经授权的第三方滥用数据，在提高数据安全的同时，也可重复挖掘数据价值。物流平台通过数据的分析和利用，可提供数据增值服务。

第二，区块链中的联盟链网络是多方共同创建和维护的，因此平台供应链上的多方按照共治规则，可共同监督和管理跨组织的物联网设备的数据采集和运算流程。比如，“物联网+网络货运”依托网络货运相关方共同搭建联盟链，对网络货运的全流程进行记录和管理，提升供应链的可追溯性和安全性，提高行业协作效率，构建网络货运的平台社会信用体系，让行业真正做到“可信、安全、增效、降本”。

第三，基于区块链的加密货币支付体系能实现物联网设备之间的高频微支付。即通过创建基于区块链的物联网设备账户体系，根据区块链智能合约的基础，实现物物之间的资源(服务)创新商业模式。

2.4.3 物流金融服务

传统的物流金融配套产品(如运费保理、车队/司机信用贷等)面临货主参与度低、确权难、信用风险高、司机数据缺乏等难题，业务真实性难以核实，上游拖欠现象严重，风险难以识别，使“融资难、融资贵”的现象普遍存在。物流金融为物流业与银行或其他金融机构的业务结合，双方在原有服务下开展业务合作，在供应链的流程中，为中小型企业提供融资等服务，其核心为金融业务穿插于物流服务中。物流金融指的是面向物流整个过程，使用金融产品，实现物流、信息流和资金流之间的有效融合，组织、调节供应链运作过程中货币资金的运动，有效提升资金运行效率的运营活动。

从狭义上来看，物流金融指的是在物流业务的过程中，物流企业使用贷款、承兑汇票等信用工具为供应链中的生产商及上下游企业提供结算、融资、信息查询和资金汇划等金融服务与产品。以仓单质押融资模式为例，银行将价格波动较小、畅销及满足质押品条件的产品作为质押品，并根据质押品的质量来确定具体的贷款额度，借助物流公司强大的客户信息系统，把物流、资金流、商业流、信息流有效整合，为供应链上下游企业提供垫付、融资等多种服务。仓单质押融资模式如图 2-6 所示。

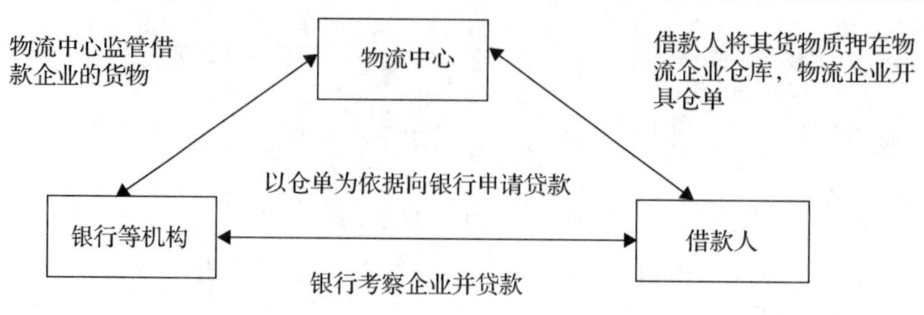

图 2-6　仓单质押融资模式

面向中小微物流企业的物流平台在金融服务创新方面，与银行合作开展代收货款、垫付货款、质押贷款、业内信用贷款、融通仓融资、应收账款融资等金融服务，是对商流、物流、资金流、信息流的集成，能有效解决制造企业、商贸流通企业、中小微物流企业由于资金紧张、融资困难等带来的"短板效应"。物流平台的物流供应链金融业务为平台增加了利润增值空间。主要的物流供应链金融创新服务模式包括以下 12 种，如图 2-7 所示。

图 2-7　物流供应链金融创新服务模式

2.4.4　物联网服务

世界经济论坛将物联网(IoT)定义为"实物的网络，即在实物中嵌入技术，以便与其内部状态或外部环境展开通信和检测或交互"。实物包括"与网络连接且具备强大数据分析功能"的移动设备和"消费者产品、耐用品、轿车与卡车、工业与公共事业组件、传感器及其他日常物品"①。例如，宁波北仑智能物流网建设计划采用智能物流网综合使用无线传

① 世界经济论坛. Industrial Internet of Things: Unleashing the Potential of Connected Products and Services，2015(34).

感器网络、RFID、移动通信及宽带通信等技术，并在港口物流链中进行集成创新研究，集中建设智能闸口管理系统、散杂货码头营运管理系统、智能堆场通信及定位系统、电子车牌电子驾照系统、货物配送信息采集系统(包括 GIS 系统)等一整套港口物流信息化平台。

物联网服务可提升电商平台供应链的可视性。将传感器加装至运输货物上，不仅能提供准确的交付时间(优于两小时或四小时交付窗口)，而且能追踪交付地点防止产品遭窃。又如，Amazon dash 是一款亚马逊品牌的硬件产品，产品内置激光扫描器和麦克风。“Dash Button”是一款拇指大小的轻巧设备，消费者下单后，亚马逊借助快速补货服务(Dash Replenishment Service，DRS)为智能家电制造商赋能。

物联网服务能使设备与物流平台同步信息。对于跨境电商平台而言，信息共享包括分享来自港口集装箱的进出口文档(如装箱单、提货单、检验证明)、当地公路管理机构的货车检查和重量数据、边境进口关税支付信息等。对于冷链物流运输平台而言，为了保证适当的运输条件(如对容易变质的食品采取温控措施)，需要加装传感器来测量运输期间的温度、湿度及其他因素。交付时，平台客户可使用近场通信设备来扫描传感器和标签，以获取运输条件的详情。

全球领先的管理咨询机构贝恩公司针对中国业界领先的智慧物联网公司 G7 系统的 50 余万辆货运车辆数据进行分析，结果显示：车队规模越大，其集约化和管理效率会越高。从 2014 年到 2016 年，大型车队和中大型车队的比例在逐步提高，车队在集约化过程中可视化、智能化及数字化是必然进程。G7 物流平台的卡车注册量已经达到 100 多万辆，且大部分为重型卡车。除了车辆位置这样的基础信息，G7 物流平台的智能设备还运用物联网和大数据技术，涵盖车辆防碰撞预警、司机打哈欠等疲劳驾驶行为、冷链温度数据和高温高压的温度报警等多方面实时数据。例如，G7 物流平台的智能安全系统可以通过对司机的疲劳指标进行实时识别及对车辆胎压的全程监测，收集人、路、车三种不同维度的 17 种数据，能够使驾驶员打哈欠、抽烟、路况等所有行车情况都会被及时采集，对危险的驾驶行为给予预警提醒。

2.4.5 SaaS 服务

SaaS (Software-as-a-Service)，软件即服务模式影响软件行业及物流企业客户获取业务功能和解决方案的方式。SaaS 供应商一般按照用户需要使用的软件模块进行合理收费，用户只需按照公司的实际使用情况选择合适的软件从程序，而提供商则负责系统的统一部署、升级和维护。相比以往的购买方通常需要支付大额费用才能正式投入使用的配送软件，在这种服务规则下，买方不再需要像以往一样在软件和员工上花费大量费用，而仅仅需要承担一些租赁费就可以。通过互联网，客户可以享受相应的硬件、软件和维护服务，享有使用软件的权利和持续升级的服务。

SaaS 模式具有四个优势：①可多次重复使用。能够使企业以更廉价的成本、更快的速度解决问题。②成本较低。中小型企业如果采用 SaaS 模式，能够更加灵活的选组所需的软件，随买随用。SaaS 服务提供商保证安全的保障数据实施、部署、运行和管理。③更快提供解决方案。SaaS 服务供应商可根据企业的需求和运营状况制定对应解决方案。④灵活的定价模式。当中小型企业面临不确定因素时，可根据企业经营活动的需要在短时间内更改对 SaaS 软件的需求。因此，企业不必负担软硬件设施和资源带来的相关费用。

近年来城市配送行业发展迅速，具有广阔的市场，平均周期增长幅度超过 10%。市场的广阔无疑也使配送场景更为复杂。比如，订单种类多，而且商品有不同的重量、体积、装箱规格等；车次型号多，而且还需要考虑车辆的城市限行、限高，以及最优配载率；客户有不同的收货时间要求，这就要求排线和调度要考虑合理线路；交付场景复杂，这就需要考虑货品数量、对卸货时间的影响等。

SaaS 服务模式在智能调度平台的应用如表 2-5 所示。

表 2-5　SaaS 服务模式在智能调度平台的应用

SaaS 服务需求	SaaS 服务解决方案
销售环节： ➢ 企业运营受限于人工调度； ➢ 随着订单的增长，人工调度很难完成； ➢ 即使增加调度人数也不能解决问题 **调度环节：** ➢ 人工调度有很大的局限性，做不到结果最优，有很大的成本优化空间 **车效环节：** ➢ 时间利用率不足，返程空车，车辆利用率不足，大量闲置时间； ➢ 仓库坪效有大幅提升空间	**增效：** ➢ 智能调度能支撑订单增长的运营需求； ➢ 智能调度能优化车型、车次、总时间和总里程的使用，提升配送时效性和客户满意度； ➢ 智能调度连通多个行业、多个企业，将车辆的时间充分利用，做到人休车不休； ➢ 智能调度能够做到仓内调配、多仓联动
调度环节： 车型和车次不合理，有一定的优化空间，调度工作负担重	**降本：** ➢ 智能调度能优化车型的使用，减少车次最少的调度人员和最优的排线调度效率

续表

SaaS 服务需求	SaaS 服务解决方案
调度和人事环节： ➢ 企业运营对人的依赖性大； ➢ 调度的休假会给企业带来一定的混乱； ➢ 调度排线和安排车辆，没有考量标准，成本不可控	**管理：** ➢ 减少对人工和调度的依赖； ➢ 事前事后对成本数字化，并有考量标准

下面我们以讯轻公司的“懂调度”软件为例进行阐述。讯轻公司智能调度平台以优化(最低成本和最高服务质量)为目标，采用动态分配路线进行装载和分配；采用具有全球定位系统、安全预警系统和配送反馈功能的车载终端，实现车辆运行状态监控和商品监控。采用短消息或其他通信方式通知每个交货点的时间计划，不仅缩短了交货时间，而且提高了服务质量。在配送过程中，采用行车路线引导方法来指导配送，以保证配送人员的配送准确性和准时性。除了提高工作效率和减少驾驶员的管理成本外，还保证了服务质量。其 SaaS 模式同时也能够提高交付货物的准时性和连贯性。该软件亦可用于医疗服务、电信服务、邮政快递及其他需要路径规划的领域。

2.5 电商仓储平台案例分析：以发网供应链为例

2.5.1 案例选择

上海发网供应链管理有限公司(以下简称“发网”)创立于 2006 年。发网，顾名思义就是“发货的网站”。创始人的初衷是想依托软件优势做一个供商家和物流公司交互信息的平台。2008 年，电子商务迅猛发展，借着电商发展的东风，发网开始为一些中小 B2C 网站提供仓配服务。根据电商商家的类目和需求，在仓储物流环节为客户提供一站式服务，包括商品入库、存储、分拣、打包、配单、出库、退换货等服务。

2009 年，发网将客户拓展到更多知名的 B2C 平台的品牌商家，帮助商家建立仓储和全国配送的电商物流体系，并由此实现了盈利。此后，总部设在上海的发网开始在北京、广州、杭州、厦门等城市分设区域仓配运营中心，仓储面积多达数万平方米，为众多品牌客户提供全面的电子商务仓配运营管理服务。起初，发网专注电商仓储一体化物流服务，而后转型为全渠道物流服务平台。发网以 IT 系统为核心，自主研发 OMS、WMS、TMS、CMP

等系统，并集成上下数据形成物流云平台。它依托强大的仓网体系、多元的配网体系和创新的物流科技体系，为企业客户提供 B2C+B2B 的全渠道仓配一体化物流服务及商流服务，其愿景是成为中国领先的供应链服务平台。

2.5.2 案例描述与分析

1. 发网的商业模式：全渠道零售物流服务平台(F2C)

发网的商业模式简称为“F2C”(Factory to Consumer)模式，即品牌商、工厂(factory)到发网(fineEx)到消费者(consumer)，发网承接从品牌商到消费者中间这一系列复杂的物流环节，包括订单、仓储、配送和多渠道库存共享。品牌商的货物从工厂下线后，可以就近进入发网在全国的 600 多个仓储网点，消费者在淘宝、京东商城等平台的商家提交订单后，与商家、平台、物流直接连接的发网库内对接系统会集中接收订单信息，并进行库内生产作业，随后直接从发网仓库出货，然后通过全国物流网络送达消费者。发网的配送体系涵盖了：快递、快运、城配、即时配、国际物流等，不仅包括全国性的快递公司(如顺丰、申通、中通等)，还包括区域性的快递公司(如天津最大的物流企业飞天畅达等)。发网基于快递网络和配送网络来优化全国配送路由，优选配送方式，提升配送质量。

品牌商对线下渠道的物流要求主要包括两个方面：①随着物流到门店或门店消费者的物流服务和需求标准的提高，对物流管理的颗粒度要求也愈来愈高。过去物流的渠道是将商品送至经销商处，需要考虑的仅仅是托盘和车辆，而如今到门店或消费者则需要把每一件商品物流和物流管理的各个环节都考虑周全。②当品牌商把商品外包给发网时，也就将消费者和门店绑定在一起了。在线下的商流体系中，经销商要面临的问题是如何把门店及消费者的数据整合到品牌商的大商业数据里，好给品牌商的决策提供帮助。

发网的商业模式如图 2-8 所示。

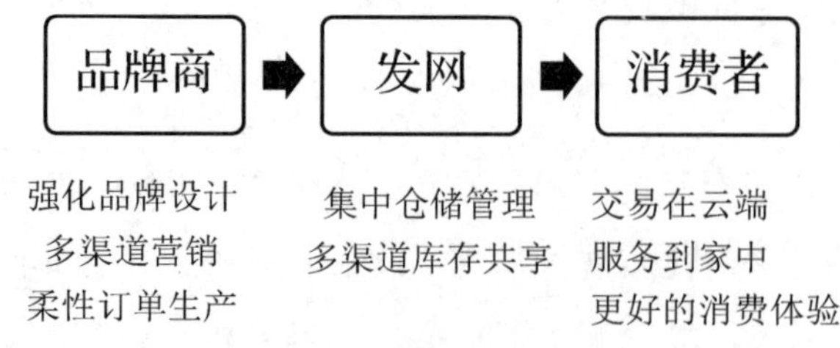

图 2-8 发网的商业模式

2. 发网的三大体系和软件系统

发网的三大体系指的是仓网体系、配网体系和数字供应链体系，其软件系统是核心，如图 2-9 所示。

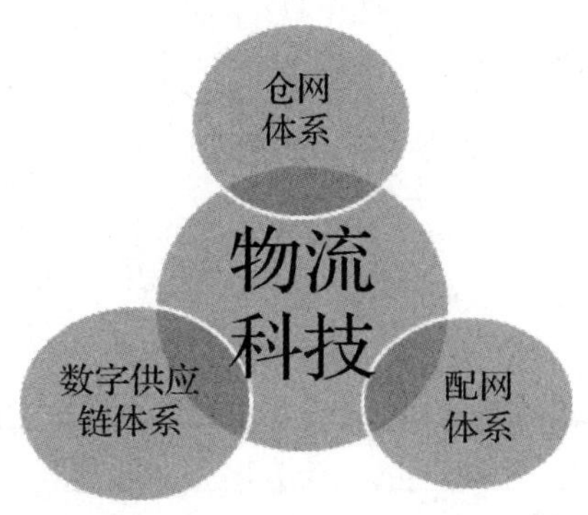

图 2-9　发网的三大体系

发网仓点网络覆盖全国，并输出标准运营和优质服务。发网从 2009 年开始全盘布局，目前在全国共设有 600+仓点，仓储面积超 450 万平方米，累计服务 2 500 多家品牌客户，覆盖近 3.5 亿消费者。仓储优势不仅仅以利益联结配送伙伴，更重要的是在网购力量发达的地区建立仓储中心，既提高了出货时效、缩短了运输路程，也因大规模发货而降低运费成本。针对大型促销活动业务的后续物流服务，发网还有专门的大促流程保障，以确保消费者服务体验。发网的配网体系如图 2-10 所示。

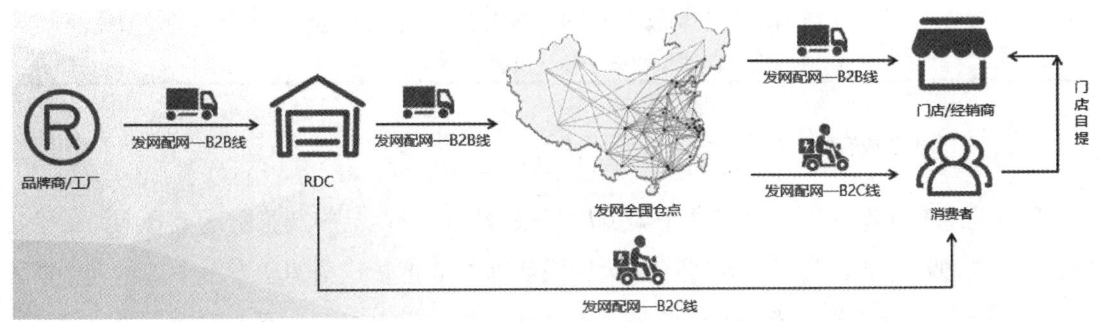

图 2-10　发网的配网体系

配网体系——发网深度整合快递、快运、城配等配送资源，满足品牌商多种类型的物流需求。与配送企业系统直连，智能选择最优配送路径，保障最佳配送时效，提供优质配送服务。

发网数字供应链基于发网数字化选品与科技中台，链接品牌商与渠道方，搭建全球化数字化供应链平台。其平台包括物流云平台、集成供应链管理 SaaS 平台及智能仓储管理系统，涵盖多个业务子系统，深度运用数字孪生、科技驱动业务生产及管理运营为客户提供全链路的物流系统及智能硬件支持，实现供应链全链条、全过程数据集成，提供全面、实时的商业大数据服务。软件系统可根据累计的、与快递合作的数据(如快递时效、服务态度等)，自动挑选区域内最优的快递公司来承接发网的配送业务。更重要的是，系统与淘宝、京东商城等平台相互串联，订单只要被输入一次，就可以在各个平台流转化并实时显示。

发网的主营业务如表 2-6 所示。

表 2-6　发网的主营业务

服务类别	服务内容
电商仓配服务	基于仓储+配送+系统的一站式电商仓配服务
供应链金融服务	盘活库存，解决资金问题；动态质押，不影响库存运转
跨境电商服务	提供企业及商品备案服务、报关报检服务、仓储配送管理和物流系统服务
商流服务	基于全国的仓储网络，可实现就近入仓及发货。发网与各类渠道的深度合作，为入仓客户提供包括 OTT 电视、线下、社交电商、社区电商等新兴渠道的选择及商流对接服务
云仓服务	通过布局覆盖全国的仓储网络，整合优势资源，为众多国内外知名品牌提供供应链一体化解决方案，建立从销售、项目管理、客户服务、系统支持、运营管控等精细化服务体系，以驱动消费体验提升
物流科技服务	基于 BI 大数据分析的智能物流云平台，以平台信息技术为支撑，整合仓储、运输、配送等资源，驱动业务撮合、流程跟踪、透明监控，为商家提供全渠道供应链管理与仓配一体化解决方案

3. 发网的渠道管理

众多渠道都在卖货，如果把这个渠道展开来看，就是由品牌商把货运至仓库，然后通过多个渠道进行零售，最后再通过干线运输或快递企业把货送至消费者手中。这其中就涉及两个较为关键的环节，第一个环节是仓库，货物从工厂出来首先要放到仓库里；第二个环节是仓库里的库存与多个渠道进行库存数据交换，然后由仓库把货配好送给消费者。

从供应链角度来看，这就是一个工厂到仓库再到消费者的过程，也是未来整个零售业的抽象模型。在零售端，各种各样的零售渠道都可以变成消费者获取商品信息、购买商品的途径。当一盘货共享在一个仓库体系时，商家的生产效率会得到极大提升；再加上因规模的扩大，会使多个渠道的订单集中在一个仓库内处理，其处理成本和配送成本就会节约很多，因此通过优化仓库的方式可以降低成本。

发网的天眼系统一方面可以用于监控，另一方面又可以把所得数据积累起来用于后期分析处理，既节省了时间又提高了效率。在仓库内，发网采用了比较人性化的技术，如通过运用人机互联、设备互联技术，来实现仓库内的设备、货物和人的数字化。同时，还采用了 RFID、大数据等识别技术，以及柔性化的智能设备，如机器人、自动存储等，这些技术将实现称重、打包、分拣等功能，可以提高大规模作业的效率和订单处理能力。

4. 案例讨论

1) 发网的全渠道仓配一体化服务平台

发网的全渠道仓配一体化服务平台是基于仓网、配网、数字供应链的大数据平台。三大体系不仅实现了大数据平台的建立，而且兼具 B2C 仓配、B2B 仓配、跨境电商等产品和服务，以及发网供销平台、发网云平台等多个子平台及系统，包括订单处理、建立库存作业处理系统、建立配送管理系统等。与此同时，发网还拥有专业的客户系统平台，这个平台解决了业务处理过程中，品牌商、渠道商、消费者之间的业务协同和沟通问题。

在该平台上，一方面，实现了全面、实时商业数据的集成。在国内，通过与品牌商系统全面衔接，并与市场主流系统全面实时对接，使发网供销平台与各个渠道之间做到了数据对接。在国外，在进口商品进入中国零售市场方面，给予跨境电商口岸的全面打通。因此，全渠道仓配一体化服务平台保证了品牌商—物流商—消费者之间自然而又流畅的四流合一。另一方面，在整个供应链服务流程中，发网把商家的渠道、仓库、运输和消费者通过系统连接在一起，形成了一个完整的分销供应链体系，进行“一盘货管理”及库存的灵活调配，提升了社会化零售的交付速度和客户体验，同时也降低了物流成本。发网云仓建立了从销售、项目管理、客户服务、系统支持到运营管控等标准化、精细化的服务体系，并向云仓提供专业化库内运营培训或者专业仓库改造方案，制定标准化平台管理，以保证大促期间的物流体验。

2) 双十一的物流秘密：预售下沉物流模式

预售下沉物流模式极大地加快了物流的配送速度，降低了物流成本，提升了消费者的购物体验。发网早已从一家电子商务仓配企业发展成为全渠道仓配一体化的综合性物流配送服务平台。预售下沉是“以储代运”的一种物流模式，在消费者下定金后，将商品打包出库，提前运送到距离消费者最近的物流网点。当系统检测到尾款支付后，立即将包裹送到消费者手中。

预售下沉物流的四种模式包括省仓模式、站点模式、省仓+站点模式和城市仓模式。

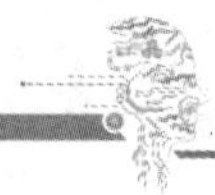

(1) 省仓模式。预售期间，提前从 RDC(Regional Distribution Center)仓将货品集货出库，发至各个省仓。在省仓内完成打包复核，确认尾款支付后，贴好面单，配送至第三方快递站点，完成揽收出库。省内 24 小时内完成派件，其他城市 48 小时内完成派件。

(2) 站点模式。预售期间，提前在 RDC 仓内完成货物复核打包，贴好预售面单，直接通过干线配送至末端的合作快递站点。快递站点距离消费者只剩 100m～10km 的距离，当快递站点确认包裹的尾款支付后，即刻揽收出库，派件至消费者手中。

(3) 省仓+站点模式。预售期间，提前在 RDC 仓内完成货物打包复核，由干线配送至省仓，省仓确认包裹的尾款支付后，贴好面单，配送至第三方快递站点，完成揽收出库，派件到消费者手中。

(4) 城市仓模式。预售期间，提前在 RDC 仓内完成集货出库，通过干线配送至全国各地的城市仓中。在城市仓内，完成货物的打包复核，确认尾款支付后，贴好面单，配送至距离消费者 3km～10km 同城配送站点内。13:30 之前到达同城配送站点的包裹，当天完成揽收出库，派件到消费者手中，其余次日达。

在这四种模式中，物流时效的排名为：站点模式>城市仓模式>省仓+站点模式>省仓模式。虽然这四种模式的物流时效有区别，但是与传统仓配模式相比，预售下沉仓配模式保证了时效。在消费者尾款支付之前，已完成货物的打包复核，再根据实际购买决定，让仓库迅速反应，完成出库作业，并通过快递站点、同城配送站点等方式及时派件到消费者手中。巧妙地错峰发货，能够大幅度缓解大促期间分拨、运输、配送等方面的压力。既能帮助商家有效平衡大促流量，又能推动消费者体验升级。

2.6 物流 SaaS 云平台案例分析：以易流科技为例

2.6.1 案例背景

SaaS 是以互联网为通道，通过将软件部署在云上，根据用户的实际需求为其提供定制的应用软件及服务，并按服务量、服务时间或者其他方式收费的服务。在物流领域，随着数据开始成为新的生产要素，以及物联网已经成为智慧物流的基石，针对供应链效率提升及成本节省的云服务产品越来越受到市场青睐。

针对物流行业物流信息化弊端，我们可以从信息孤岛和企业信息化水平两个方面来看。

(1) 每个企业在整合外部资源时，都力求自身数据及服务的完整性，缺乏分享数据的意愿，导致企业间信息孤岛问题较为明显，各个信息系统无法顺畅打通，难以实现业务的高效协同，最终导致客户服务体验低下，成本居高不下，不利于行业的稳定发展。

(2) 基于服务的、基于租用模式的公有云系统越来越多，然而企业信息化水平却良莠不齐，亟待规范行业、整顿市场。

对于云服务提供商，基于云端的TMS(Transportation Management System)产品是提供给客户解决方案的主要形式，而企业在本地化部署应用系统上的投资却越来越少。越来越多的物流企业在信息化过程中将本地部署的TMS解决方案转向云端产品，有的通过换供应商，有的通过切换到同一供应商的云产品。多租户的SaaS产品因成本低、实施周期更短、产品更新更快而受到青睐。

TMS采用云服务较为合适，主要体现在：①TMS应用相对标准化，所以解决企业货物从工厂(仓库)到终端用户移动过程的计划和执行管理的行业差异性不明显；②整个配送过程和信息化应用涉及多个组织，即系统是开放给企业内部用户、终端客户、物流商、供应商所共同使用的，具备明显的平台协同效应特征；③承载的地址类数据敏感性不高。在美国，针对企业用户TMS应用调查时，63%的企业首选TMS SaaS服务方式建立其运输管理平台。

2.6.2 案例描述与分析

深圳市易流科技有限公司(以下简称“易流”)成立于2009年5月，以运输全链条信息透明为切入点，以互联网、移动通信、地理信息系统、全球卫星定位、车联网、云计算等先进信息技术为支撑，为生产企业、商贸企业、物流企业等提供包括终端硬件、软件、管理系统及系统功能定制开发等在内的物流透明管理服务。

1. 从运输产业链平台型企业到数字化的基础设施平台

随着消费者对个性化、定制化、精准化、高品质、低成本需求的日益增长并趋于常态，供应链和物流行业正逐渐向一体化和柔性化服务转型。这一转型要求物流全过程实现数据化和可视化，以构建供应链物流行业的数字化物联网(Internet of Things，IoT)基础设施。易流倡导“透明连接物流”的理念，以“安全、时效、成本、体验”为核心价值，以“透明、连接、协同、优化、智能”为实现路径，以软硬一体的物流透明SaaS服务为切入点，致力于提供物流透明服务。易流正从一家致力于成为运输产业链的平台型企业转型为供应链物流数字化(IoT)基础设施的平台。

数字化是一个将物理世界的实际运作过程转变为数字和数据，并对这些数字和数据进行计算处理和应用的过程。在传统物流行业中，许多物流企业依然依赖个人经验来进行货物配载和线路规划。相比之下，易流云平台已经实现了通过智能配载和路线优化技术，帮助用户快速制定配送中心的配载方案。这些方案可以满足连锁经营企业在全国范围内各个门店的日常补货需求。

供应链物流数字化的相关内容如表 2-7 所示。

2. 易流 SaaS 云平台

易流云平台是一个集软硬为一体的物流透明管理 SaaS 协同平台，由易流物流透明管理实践推出，旨在提供创新的产品和服务。该平台采用软硬一体化的管理方式，协助企业整合物流的各个要素，并协同业务的上下游流程，通过透明的管车和管货，不仅实现了易流云平台对物流运输全程的全面把控，同时还实现了订单物流的全程透明管理。平台基于物流透明 3.0 理论，利用互联网前沿技术，对物流场景中的人、车、货、仓、厢实现透明管控，促进智慧物流的协同工作，协助企业构建一个透明的供应链物流体系。

表 2-7　供应链物流数字化

供应链物流业务数据化			供应链物流数据业务化				
数据采集		数据整合	数据分析		商业智能		
MIS/信息平台	IoT 硬件	数据接入	分析策略	分析技术	业务描述/诊断	业务预测	业务决策
•MIS •ERP •信息平台 •App •微信小程序	•基础定位 •货物安全 •驾驶安全 •环境感知 •无线采集	•DataX 同步 •实时大数据平台	•迁移学习 •统计抽样 •增量学习 •特征提取 •运筹优化	•统计方法 •网络优化 •机器学习	•用户画像 •关系图谱 •数据征信 •风险预警	•趋势预测 •需求预测 •运力预测 •成本模拟	•网点布局 •路网规划 •智能配载 •路径优化

(资料来源：公司网站和宣传资料。)

易流云平台的五大特色是基础透明管理、智能配载与调度、运输安全与协同、时效预测与管控、结算成本分析。易流云致力于帮助企业打造一个透明、连接、协同的供应链物流体系，通过实现运输过程的节点透明、物流要素的实时连接、执行环节的智慧协同，最终帮助企业构建一个更加强大、透明的供应链。

2.6.3 案例讨论

1. 物流透明 3.0 理论

物流透明管理是一种充分利用各种信息技术手段，采集物流过程的各类数据，并把这些数据处理后，在后台存储、分析并通过互联网展示出来的管理策略。物流透明 3.0 理论是物流过程数字化的过程。物流透明管理是易流原创提出的符合中国国情的管理理论。易流云平台通过软硬一体化的管理方式，连接物流全要素，协同业务上下游，透明管车和管货，对物流运输的全程进行把控，达到物流订单的全程透明管理。

任何与物流业务相关的机构和个人都可以通过授权在互联网上清楚地了解物流过程。围绕采集、存储的数据，开展多维度的数据挖掘和利用。

物流透明管理对提高物流运作的效率、保障物流过程的安全、实现物流过程的追溯性、提高物流过程中各个主体之间的协同效率都有非常重要的现实意义。

物流透明管理所积累的业务数据，可以实现物流业务的数据化，通过对这些数据进行深入挖掘，可以衍生出智能物流、供应链金融等诸多应用。

物流透明 3.0 理论有三个层次。其中，“物流透明 1.0”侧重于人、车、货、仓等，强调对这些要素的时空位置和状态等物理信息的透明度；“物流透明 2.0”侧重于物流单据的流转、流程节点、业务网络节点等业务逻辑信息的透明度，尤其是业务运营信息的透明度；“物流透明 3.0”侧重于供应链和需求链组织过程的信息透明度，以及基于供应链和需求链的产业信息透明度。

2006—2007 年，在物流透明 1.0 阶段，易流借助互联网感知设备(如传感技术、识别技术和定位技术)，解决了人、车、货、仓的信息采集和识别问题，这使得货车的全程动态都能够被实时记录，从而实现了物理信息的采集和识别。物流透明 1.0 阶段的核心目标是实现物理层面的透明度，即解决“看得见”的问题。

但是，随着业务的逐步深化，除了满足车的可见性外，更重要的是还要满足货的可见性。这包括物流要素中单据流转、流程节点和业务网络的透明度，旨在实现端到端的全流程透明化和可视化。为了提升服务品质，不仅需要“看得见”，更需要协同优化，这标志着物流透明 2.0 阶段的到来，即逻辑透明阶段。

随着行业的发展和客户需求的变化，物流透明 3.0 阶段将透明度的概念延伸到了整个供应链。这包括供应链组织过程的信息透明度和需求链形成过程的信息透明度，即从原材料采购到生产、分销，甚至逆向物流，同时还要结合上下游的横向和纵向两个维度。

物流透明 1.0 到物流透明 3.0 的演化如图 2-11 所示。

2. 物流透明 3.0 理论的应用

物流和科技的深度融合促进了物流行业智能化、智慧化的发展。易流云平台采用“业务数据化、数据业务化”的运营策略，通过实现透明、连接、协同、优化和智能，推动物流智能化和智慧物流的实践。物流透明服务是实现智慧物流的重要组成部分。

易流云平台对数据的应用是基于 12 年的历史的数据、行业数据和客户的销售预测数据，在物流大数据应用探索方面主要表现在：①基于算法与数学建模的应用，如路径优化、智能调度、智能配载等；②基于数理统计与数据挖掘的应用，如用户画像构建、数据征信、供应链需求预测等。比如，易流云平台通过智能配载、路径优化及智能调度等技术可以帮助一位客户实现了里程数减少 25%、油耗减少 23%、车辆从 12 辆减少到 10 辆、空载率降低 10%，大大提高了企业的运营效率。

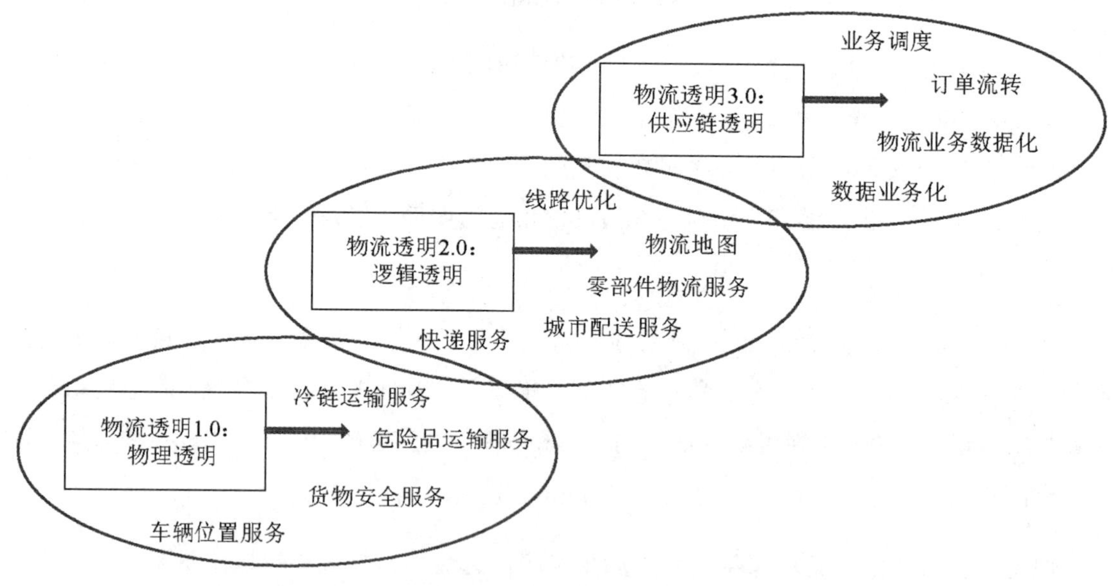

图 2-11　物流透明 1.0 到物流透明 3.0 的演化

物流数据的业务化在物流金融领域发挥着重要作用，为数据征信和金融服务提供了基础。中小物流群体确实存在融资难题，而且抗风险能力和利润率都比较低。一方面，易流在为用户提供物流透明服务的过程中，积累了许多用户场景和数据，包括行为数据、车辆行驶数据、业务数据等。通过分析这些数据，能够还原用户的实际业务场景，并构建用户画像，如具有稳定行驶路线的车辆有理由被相信具有稳定的业务来源，这些数据可以成为企业获得授信的依据，即根据数据将场景还原，给中小企业贴“标签”。另一方面，易流对接金融机构，采用“定向支付”策略，保障资金的正确使用，直接支付给授信企业的下游收款方，有效解决了中小企业融资难、融资贵的问题。在借贷期限上，易流具备批次多、周期短、金额小等重要特点。

物流透明理论在易流的萌芽和发展中与互联网+理念和信息技术的发展息息相关。物流透明3.0理论所处的阶段就是采集数据、分析数据、展示数据和应用数据的数字化过程。基于这一理论，易流提供的透明服务不仅实现了对物流场景中人、车、货、仓、厢等要素的透明管控，而且实现了供应链物流领域的互联网化和网络化，即构建以物联网技术为核心的数字化基础设施平台生态系统。易流通过整合互联网、移动互联网与物流产业链，打造了一个信息化的物流产业平台，以平台化思维组织物流资源，改变了物流的传统组织模式和发展模式，大大提升了物流资源的组织效率和利用效率。

在后疫情时代，数字化转型加快了新创数字平台企业的崛起。一方面，平台企业通过嵌入生态系统，利用杠杆化其他参与者的资源，扩张边界和增加网络效应，实现创新资源的溢出和平台生态系统的涌现效应。另一方面，资源的异质性和功能的互补性促进了平台企业与互补者之间的耦合，避免了同质竞争，形成了共存共生的关系，为资源受限的中小微企业赋能。在这个过程中，平台企业如何与互补者互动以实现价值共创，以及平台生态系统的构建与数字化赋能之间的关系，都是值得深入探讨的重要议题。

第 3 章

物流平台生态系统的构建

平台生态系统研究涵盖哪些领域、研究现状如何、未来发展方向是什么？理论界并没有形成统一的认识。

3.1 平台生态系统研究发展趋势

3.1.1 方法选择

在管理学研究领域，文献综述的方法论正在经历从定性描述向定性与定量相结合的转变，现在以文献计量方法撰写综述文章的方法越来越多地受到国内外学者的欢迎。文献计量方法的特点是，能够全面展现研究主题的发文现状、研究领域、热点问题和发展趋势等。然而，过分依赖文献计量软件只能大致了解“表面”信息，难以形成深入洞察，因此文献计量结果的解读需要结合对特定文献进行深入的内容分析。

3.1.2 数据收集

1. 英文文献数据收集

本研究选取了管理研究中最常使用的 Web of Knowledge 数据库，限定了 Social Science Citation Index(SSCI)索引期刊作为文献来源，涵盖了从 2000 年 1 月 1 日至 2021 年 8 月 1 日的全部相关文献。首先，文献阅读表明平台包括两种使用习惯，本研究采用关键词搜寻方法，检索了标题中包含“platform ecosystem”(平台生态系统)的文献，并限定在“Business Economics”商业经济领域。然后，进一步筛选出“article”(文章)和“review”(综述)两类文献，且语言选择为“English”(英语)，最终得到 99 篇文献。最后，对检索文献进行系统阅读，剔除那些没有实质性平台意涵的文献，如那些将“平台”仅作为讨论场所、仿真实验方法平台、政党平台、学术平台、研究平台等与管理学研究或平台生态系统本义无关的文章(剔除结果不一致时开展讨论，并请其他学者参与，确保剔除的信效度)，最终确定 83 篇有效英文文献。将这 83 篇文献的题录数据以纯文本格式导出，作为后续分析的基础样本。

2. 中文文献数据收集

“平台”一词在中文语境中具有多种含义。本书通过中国知网(CNKI)以“平台生态系

统”作为主题词、限定为学术期刊进行检索可得 595 条相关记录(截至 2021 年 8 月 1 日)。当进一步将搜索范围限定为中文社会科学引文索引(CSSCI)，得到 157 篇相关文献。再通过剔除以下不相关文献：①商业性质平台缺乏特征的文献，如政府平台、仿真平台等；②会议综述和征稿启事等，最终得到 88 篇中文文献，数据检索过程如表 3-1 所示。

表 3-1　数据检索过程

数据来源	检索标准	检索结果	有效文献	
Web of Knowledge	主题含有“platform 或者 platform ecosystem”；年份=2000 年 1 月至 2021 年 8 月	99	83	总被引数 1 690 篇均被引数 22.5 篇均下载数 1438.26
CNKI	主题含有“平台生态系统”；期刊类别=CSSCI 期刊；年份=2000 年 1 月至 2021 年 8 月	157	88	总被引数 1558 篇均被引数 17.7 篇均下载数 1438.26

平台型组织的相关理论和实证研究正受到越来越多的关注。SSCI 的统计数据清楚地说明，在管理学和商业领域中，以“平台”为研究主题的文献数量最多(见图 3-1)，且发表时间在 2017 年达到高峰(见图 3-2)。

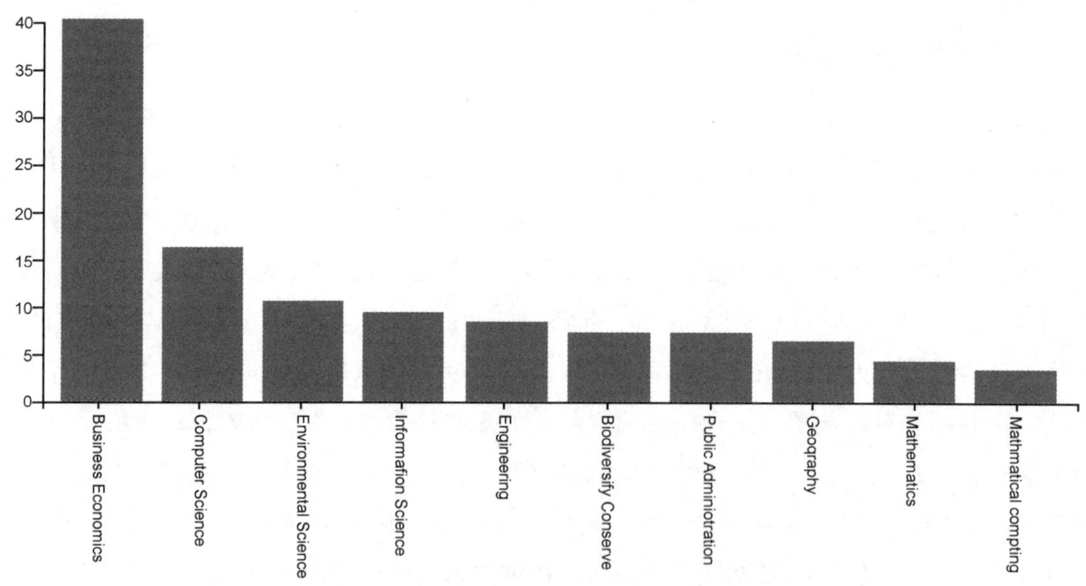

图 3-1　以平台生态系统为标题的 SSCI 发表领域(1950—2021 年)

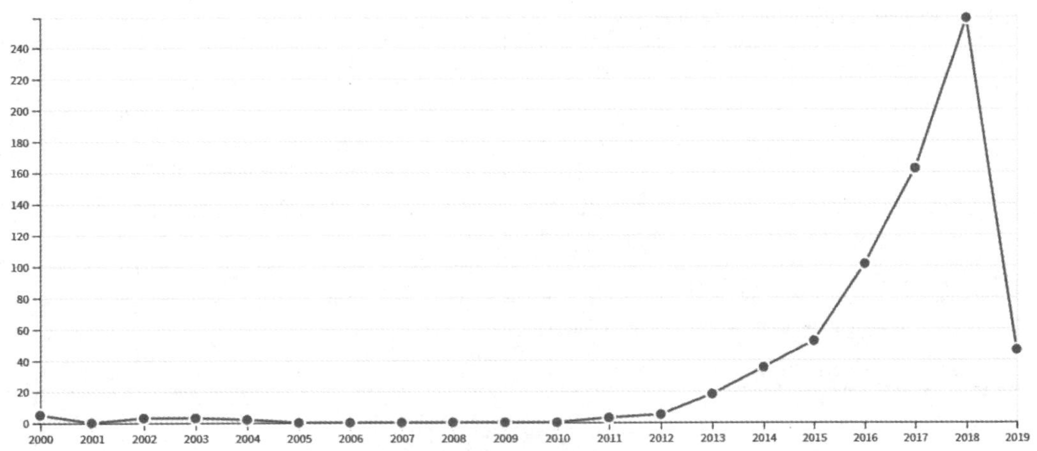

图 3-2　以平台生态系统为标题被引频次(1950—2021 年)

注：检索时间为 2021 年 4 月 11 日，数据库更新时间为 2021 年 3 月 12 日。具体精炼依据如下。文献类型：ARTICLE。语种：ENGLISH。研究方向：BUSINESS ECONOMICS。时间跨度：所有年份。数据库：WOS，BCI，KJD，MEDLINE，RSCI，SCIELO。有 40 篇文章。
(资料来源：Web of Science 数据库。)

3.1.3　研究现状和流派识别

本研究采用文献计量方法作为分析工具，利用对平台相关研究的数量、发表的期刊、参与的机构和引用情况的分析(见表 3-2 和表 3-3)，并结合作者对平台领域文献的阅读和积累，从文献总量、文献结构和文献内容三个方面进行综合考察后，得出以下结论：①从概念特征探讨到内部机制研究的内容转变；②从系统中观层次到多视角跨层次的研究视角演变；③从以理论分析为主到以实证案例研究为主的研究方法的变化。

表 3-2　高被引中文文献

引用最多的中文文献	期刊名称	发表年份	被引数
平台型商业生态系统战略管理研究前沿：视角和对象	外国经济与管理	2016	104
新零售驱动下流通供应链商业模式转型升级研究	商业经济与管理	2018	85
微信——从即时通信工具到平台级生态系统	现代传播(中国传媒大学学报)	2014	79

续表

引用最多的中文文献	期刊名称	发表年份	被引数
智能手机产业操作系统平台竞争战略研究	中国软科学	2013	74
“互联网+”商业模式的多重竞争优势研究	经济问题探索	2015	67
基于云生态的物流信息平台服务模式创新研究	商业经济与管理	2016	61
企业到平台生态系统的跃迁：机理与路径	科技进步与对策	2016	42
网络平台商务生态系统商业模式选择策略研究	软科学	2015	42
平台企业的合同治理、关系治理与开放式服务创新绩效——基于商业生态系统视角	软科学	2016	40
互联网背景下制造业平台型企业商业模式创新研究——基于企业价值生态系统构建的视角	管理学刊	2019	38

表 3-3　高被引英文文献

引用最多的英文文献	期刊名称	发表年份	被引数
Industry Platforms and Ecosystem Innovation	JOURNAL OF PRODUCT INNOVATION MANAGEMENT	2014	532
Cocreation of value in a platform ecosystem: the case of enterprise software	MIS QUARTERLY	2012	268
Beyond virtuality: from engagement platforms to engagement ecosystems	MANAGING SERVICE QUALITY	2014	132
Dynamic and integrative capabilities for profiting from innovation in digital platform-based ecosystems	RESEARCH POLICY	2018	110
Platform ecosystems: how developers invert the firm	MIS QUARTERLY	2017	105
Evolutionary Competition in Platform Ecosystems	INFORMATION SYSTEMS RESEARCH	2015	91
The ecosystem of software platform: a study of asymmetric cross-side network effects and platform governance	MIS QUARTERLY	2018	56
The evolutiono of an ICT platform-enabled ecosystem for poverty alleviation: the case of EKUTIR	MIS QUARTERLY	2016	48
Disruption in Platform-Based Ecosystems	JOURNAL OF MANAGEMENT STUDIES	2018	44
Governance Practices in Platform Ecosystems: Navigating Tensions Between Cocreated Value and Governance Costs	INFORMATION SYSTEMS RESEARCH	2017	42

这三个方面的研究发展趋势表明，当前的商业生态系统领域研究更加侧重于生态系统与其内部企业之间的互动关系，以及它们共同演化的过程。

“生态系统”这一术语借鉴自生物学，通常用来描述一组相互联系、彼此依赖的企业集合。学者们已经提供了不同的分析单元并形成了三个主要的研究领域：①“商业生态系统”流，以企业及其环境为中心；②“创新“生态”流，围绕特定的创新或新的价值主张及支持它的行动者群；③“平台生态系统”流，考虑参与者如何围绕一个平台组织活动(Jacobides，Cennamo，et al.，2018)。

第一组研究侧重于单个公司或初创企业，将生态系统视为一个 “影响企业客户与供应的组织、机构和个人构成的团体”(Teece，2007)。生态系统被视为所有交互参与者都通过生产经营活动而相互影响的经济系统，所有相关参与者都超越了单个行业的边界。对于生态系统代表企业必须监控和响应的环境，这将影响其动态能力及建立可持续竞争优势的能力。另一些学者则强调，“共同的命运”生态系统作为一个整体(Iansiti and Levien，2004)，个体成员的绩效与生态系统的整体绩效相连。尽管强调了企业能力的共同进化，但是关于企业如何相互适应的解释却很少。Iansiti 和 Levien(2004)强调了生态系统管理者(“枢纽”或“基石”公司)作为稳定的提供者所产生的作用。

第二组研究的重点是创新生态系统及其组成部分，包括上游的组件提供者和下游的互补者，并将生态系统视为通过“协作安排”使企业能够将各自的产品组合成面向客户的连贯解决方案(Adner，2006)。研究的重点在于理解相互依赖的参与者如何相互作用并商业化创新，从而使最终客户受益。如果生态系统内部缺乏协调，可能会导致创新失败的结果(Adner，2012；Kapoor and Lee，2013)。创新的锚点是允许客户使用最终产品，而不是公司。因此，生态系统的概念是旨在捕捉核心产品、组件及其互补产品/服务之间的联系(“互补性”)，共同为客户增值。企业通过不同程度的组织间关系影响其为最终客户创造价值的能力(Adner，2017)。研究者也探讨了创新者与互补者之间不同的合作形式如何影响双方协调投资新技术及其商业化运作的能力。

第三组研究集中于特定的技术类别——平台及其赞助商和互补者之间的相互依赖关系。从这个角度来看，生态系统包括平台的赞助商和互补产品或服务的提供者，这些互补者使平台对消费者更有价值 (Ceccagnoli，Forman，Huang，et al.，2012)。Chen 等人(2021)从理论上分析了平台所有者的治理设计可能会在平台供应商和互补者之间产生的摩擦，并基于 iOS 和 android 的智能手机生态系统的实证分析，验证了新平台生态系统相对于原始生态系统的复杂性，这降低了应用的多归属可能性。Kretschmer 等人(2020)将平台概念化为元组织，并讨论了作为元组织的平台生态系统的一些显著特征，尤其是在生态系统中的权威或权力来源、平台为吸引参与者而创造的动机和激励，以及其治理和协调结构方面。

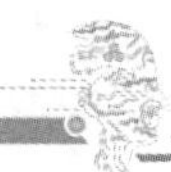

3.2 物流平台生态系统的理论框架

3.2.1 物流平台生态系统的内涵

数字经济时代，中国物流行业正经历着数字化转型升级。物流平台及其互补者主体均具有构建平台生态系统并进一步演化的趋势(Nambisan，Zahra，et al.，2019)。在这一过程中，它们成为价值共创者，与平台用户共同向平台生态系统转化；平台生态系统的演化遵循着“产品—平台—生态系统”的发展路径(李鹏和胡汉辉，2016)；物流平台(物流服务集成商)通过连接互补者(物流服务提供商)和用户，构建了物流平台生态系统。从价值共创的视角分析，平台的价值创造模式最终将以生态系统服务簇的形式动态演化为生态系统包络(黄柯和祝建军，2019)。物流平台与多个参与者形成的网络结构，把各个孤立的要素整合成一个系统，是实现物流资源整合的基础。物流平台生态系统的概念借鉴了生态学和商业生态系统的内涵。

随着经济的发展和物流产业的升级，物流产业正朝着专业化、集成化方向不断发展。以物流服务为核心的供应链商业生态系统应运而生。该系统以物流集成商为核心企业，为一般工商企业提供一体化物流服务，以集团形式为社会提供更加专业、优质、低成本的物流服务。物流平台生态圈网络范围由物流平台(服务集成商)、用户(服务需求方)、物流服务提供方和物流平台支持方四大主体构成。

综上所述，物流平台的核心是通过资源整合和信息共享实现多方价值共创和创新。在用户对产品或服务的需求越来越多样化、个性化、定制化的背景下，物流平台与用户、互补者和支持方共同构建生态系统，实现价值共创，这一议题值得深入探索。

3.2.2 物流平台生态系统的构建路径

在自然生态系统中，一个种群不可能固定在一条食物链上，往往会同时加入数条食物链。类似地，在物流平台生态系统中，主体追求利益的过程通常涉及多条生态链，且同一主体往往也会同时加入几条生态链中，这样就形成了以企业为节点的生态链网络。在物流平台生态系统中，平台参与主体在生态链网络中，受平台内外环境和各种影响因素的共同作用，构成了互利共存、优势互补、具有共同利益和目标的生态系统。

构建物流平台生态系统本质上是模拟自然生态系统的特性，在开放系统的能量循环和转化方面有诸多相似之处。物流平台生态系统作为物流行业的新兴组织形式，具备物流服务业的某些特性。物流平台生态系统的关键在于遵循物流平台和生态系统融合的系统体系，不仅实现了系统的循环，而且还在有限的资源约束条件下与生态环境实现均衡。对于物流平台生态系统的构建，我们主要通过以下三个路径实现。

第一，构建物流平台生态网络。物流平台生态网络的各个节点(平台服务商、平台领导者、平台用户等利益相关者)相互作用形成生态网络结构。该网络也是基于环境友好的共生网络，特别是各个节点之间的相互作用能实现资源互补、资源相互匹配，从而实现物流资源的循环再利用。

第二，加强物流基础设施的建设，以物流园区、物流中心作为节点。物流空间的枢纽和体系建设能为物流平台在实体产业中的效率提升提供保障。

第三，对物流需求产业链的数字化变革，即从服务模式、管理方式、技术应用、系统保障、运营体系、流程支撑六个方面进行，形成平台供应链、产业链和价值链三链合一。这种平台生态系统的构建符合物流企业的需求与行业发展的趋势，打通上下游，围绕物流平台核心能力，构建覆盖物流相关产业的服务生态系统。这种生态系统整合了物流(如仓、车、线路的实体资源)，信息流(如运单管理、市场交易、过程监控、回单管理、财务管理)，资金流(如现金、应收应付、风险控制)和商流(如销售、采购、客户关系管理、平台电商等)，四者融合和交互作用，作为一个有机结合的整体服务物流客户。单维度的整合不足以完成整个商业闭环，只有以物流平台为载体，覆盖技术生态、服务生态和管理生态，才能完成整个商业闭环。

3.2.3 物流平台生态系统的特征

商业生态系统的特征可概括为开放性、复杂性和关系协同。其中，开放性指的是每一次资源整合和价值共创不仅改变了系统本身，同时也为下一个迭代的价值共创提供了新的情境。复杂性体现在服务生态系统中，服务的提供者和客户作为双边主体，与其他服务生态系统相互重叠并相互包容。系统通过关系协同(系统元素之间的兼容性)和共鸣(服务中的参与者之间的和谐互动)创建可持续的生态系统理念。

学者们从不同视角界定了平台型企业的特征，Gawer 提出，行业平台型企业具有需求互补性、网络效应、独特供给等特征(Gawer and Cusumano，2014)。Boudreau 和 Jeppesen 在此基础上进一步强调了网络效应，即网络中的一边会因其他边的规模和特征而获益(Boudreau and Jeppesen，2015)。开放性是平台型企业拥有的专业特征，平台企业的开放性支持不同市场群体的交互，并在开放性系统中影响机会识别(Nambisan，Siegel，et al.，2018)。学者们也从不同视角分析了不同类型的物流平台的特征。宋娟娟和刘伟从双边市场理论视角分析了公路货运物流平台，认为其具有为双边提供服务、双边用户需求互补、存在交叉网络外部性、需要线下实体支持、监管责任更大的特征。基于文献和物流行业的特性，物流平台生态系统的特征可以概括为需求互补性、交叉外部性、连接复杂性和开放性。

1. 需求互补性

随着数字技术的发展，互补者指的是那些基于平台提供核心技术资源而开发互补性产品、服务或者技术的外部企业主体。这些互补者使该平台对消费者更具价值(Gawer and Cusumano，2014；Cennamo and Santalo，2019)。平台互补者有时也被称为“利基参与者”，因为它们为具有特定功能要求的特殊利基市场提供产品、服务或技术(Boudreau and Jeppesen，2015)。互补者可能来自不同的行业，不受契约条款的约束，但与平台存在显著的相互依赖关系(Jacobides，Cennamo，et al.，2018)。物流服务平台通过有限的资源和较为灵活的产品设计与互补者共同开发和生产产品，用户通过平台获取创新能力或低成本的组件和技术能力。因此，物流平台与互补者的关系可以从组织间网络层面来看，如注重物流平台合作伙伴关系的管理及背后的管理和行为决策。物流平台生态系统的利益相关者概念极为广泛，包括平台管理的协调者和管理者(如平台企业)，平台物流服务的提供商(如银行、广告公司等)，平台物流服务的需求者用户(如平台用户)，以及组织环境中的利益相关者(如股东、政府、社会利益团体等)。

物流平台往往是多边市场，由两个或多个平台参与者提供产品和服务的接口，这些参与者作为互补性资源的需求者和提供方，可通过资源协同实现效益最大化。物流平台生态系统不仅对平台企业内部信息系统及供应链各节点的资源进行协同，而且还对社会上现存的、零散的供需资源进行协同。其中，线下门店的服务资源是相对线上平台的优势资源而言的。赵先德等人认为，服务创新实现的最终结果不仅是为了盈利，而且还为了通过资源整合指导企业把有限的资源投入到自身最关切、最可能产生效益的环节，最终实现整个平台生态圈的价值共创(赵先德，简兆权，等，2018)。

2. 交叉网络外部性

直接的网络效应是指用户的参与取决于与之互动的其他网络用户的数量，而间接的网络效应则可以增加价值，比如视频流服务平台 Netflix 为用户提供大量好看的电影和节目，而电影制片厂和其他内容提供商则从大量观众中受益。这种相互依赖关系加强了平台作为用户(个人或组织)交易中介的功能(McIntyre and Srinivasan，2017)。物流平台的多个主体通过连接产生网络效应，具有交叉网络外部性。网络外部性是指平台一边的用户规模会显著影响另一边用户使用该平台的效用。车货匹配型物流平台可能对一边用户免费甚至补贴，而对另一边收取较高价格。数字平台基于连接的质量和数量提供多方面的价值和优势，比如连接广泛用户群的能力得益于其高可扩展性，降低交易成本，实现网络效应(Elia，Margherita，et al.，2020)。

3. 连接复杂性

数字技术允许数字平台与其他参与主体建立无数连接，进而不断发展产品和服务。然而，这些连接的复杂性使得控制和管理平台变得加困难，需要技术和组织上的协调。连接的数量和质量决定价值。数字平台代表了一种基于系统基础结构的数字技术和商业模型，连接多个参与者(如用户和互补者)，以及内部和外部的中介代理市场(Cennamo，Dagnino，et al.，2020)。例如，随着技术的发展，平台战略决策是为了创建平台生态圈，平台可能将业务范围扩张和集成新的资源到新的市场，对于合作伙伴而言，此时的平台变成了竞争对手。Cennamo(2018)指出，平台复杂性捕捉了多维度变量和平台合作伙伴之间的相互依赖关系，而不仅仅关注平台技术的特性。一个技术复杂的物流平台不需要改变平台互补方的开发惯例和技术环境，从而降低了技术开发难度。

4. 开放性

平台的开放性特征使外部参与者参与互补产品的商业化开发。平台生态系统以核心企业为中心，互补者在外围或边缘。在数据收集过程中，软件平台企业可监控单个应用程序开发者在生态系统中的位置，并由此获取其他生态系统成员(如服务提供商)的互补性资源。平台企业或应用程序开发人员可以使用“结构漏洞”分析(Ahuja，2000)，或者通过共享开源技术或技术标准连接到平台上，产生互补式创新。譬如信息技术类平台的互补式创新可以是编程接口、软件开发套件、硬件、软件等内容形式，进而扩展平台的用途和功能。开放平台战略的价值在于提供给用户的各种可用互补品及其组合重组。对外开放平台使外部参与者可以在平台所有者的专业知识以外的领域开发互补式创新(Gawer and Cusumano，

2014；Schmeiss，Hoelzle，et al.，2019)。

物流平台生态系统的四个特征既互相独立又相互关联。需求互补性的关键在于促进平台使用者之间的联结和价值互动，实现资源异质性的利用和共享。交叉网络外部性使物流平台具有跨市场的网络效应，强调资源的开放和协同。当物流平台实施物流服务标准化和精细化管理模式时，平台生态圈合作伙伴可实现供应链效率提升和总成本优势。连接复杂性体现在激励生态圈各方达成良性互动和高效协同，实现平台的价值创造目标，为平台合作伙伴及客户提供更大价值。开放性体现在将线上资源和线下门店链接，开拓了创新的O2O模式、末端众包模式等商业模式，使越来越多的商业伙伴相互联系，并使不同群体在平台上协同信息传递、共享和搜寻等活动，有利于产生价值共创活动。

3.2.4 物流平台生态系统的相关主体角色

1. 政府的角色

政府作为最高级别的监督者、引导者和管理者，肩负着调节和创造良好的经济、文化和市场环境的责任，因此政府出台的政策支持和政策导向对物流平台可持续发展起着决定性的作用。比如，网络货运平台作为公路货运平台的新形态，受到了政府针对货运物流行业改革措施的显著影响，这些措施深刻地塑造了网络货运平台生态系统的主体和环境。

2. 平台需求方的角色

我们以物流园区平台天地汇为例进行分析。天地汇的用户群体包括园区的开发和运营企业，这些企业主要涉及物流园区的开发、运营，以及与园区运营相关的企业(以下简称物流园区企业)。物流园区管理企业的核心职能包括规划、建设和运营管理物流园区，如引进入驻企业、争取当地政府政策支持，以及为园区客户提供满足需求的产品和服务。

3. 平台提供方的角色

物流园区平台服务提供方主要是以物流企业服务为核心，辅以附加服务提供商的集群，涵盖了物流供应、生产、销售、金融和配套等类型的企业和机构。

平台生态系统的角色示意图如图 3-3 所示。

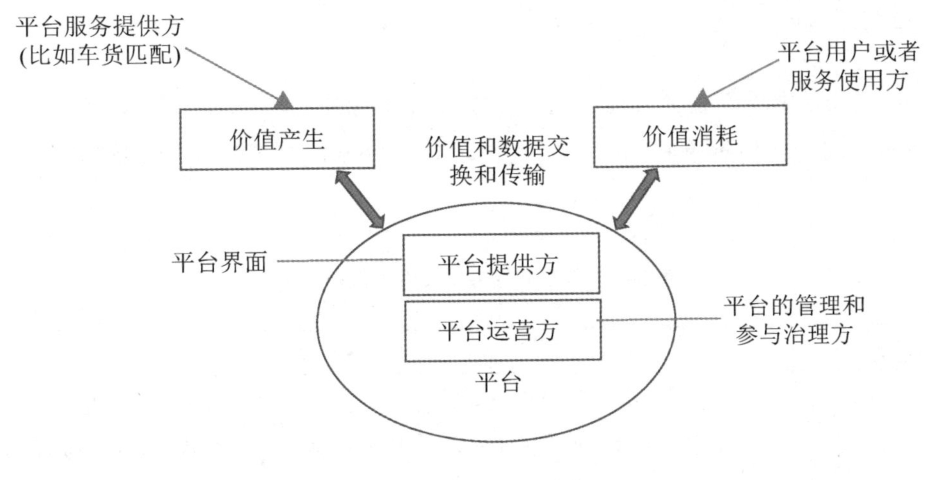

图 3-3 平台生态系统的角色

3.2.5 物流平台生态系统的演化——共生关系的变化

生态学是一门研究生物群体与环境之间交互作用及其规律的学科，其本质在于探究生命系统、非生命系统与生物圈之间的物质、能量、信息的流动和循环规律。将生态学理论应用到社会科学领域，可以指导商业生态系统的协调控制机制，并以生态学的视角研究商业网络。物流平台生态圈作为一个生态系统网络，深入理解物流平台型企业的生态属性，认识物流平台型企业与用户及多边市场主体之间的多样化链条关系，对于构建物流平台生态圈网络至关重要。随着平台生态系统理论的发展，生态圈中的共生现象已经引起了学者的广泛关注(徐晋，2013)。

大数据、云计算和物联网等数字技术的快速发展，已经对平台生态系统的构成要素和结构产生了显著的影响(Elia，Margherita，et al.，2020)。平台生态系统的主体和要素之间存在相互依赖的关系，并且这些依赖关系在不断演化。共生主体拥有海量性、多样性和共享性的数据资源，这促进了个体价值的崛起，并显著提升了共生主体的创造力和主动性。随着数字化平台的兴起，共生主体跨越了传统的边界限制，为知识、信息共享和资源融合提供了新的可能性(Nambisan，Zahra，et al.，2019)。因此，构建平台生态系统的不确定性大大增加。只有生态系统主体之间形成了相互依赖的强共生关系，才能有效应对环境挑战，抓住不确定性带来的机遇。同时，关注共生关系的发展，合理构建平台生态系统多主体的共生关系，有利于信息、资源、知识的互动，从而进一步增强共生关系的强度。

共生理论对物流平台生态系统的研究启示主要体现在分析物流平台群落和互补者群落间的共生关系。借鉴生物学中对共生关系的基本分类，物流平台与互补者之间存在三种不同的共生关系，即互惠共生关系、偏利共生关系和偏害共生关系。

表 3-4 详细分析了物流平台参与共生关系的行为特征。其中，寄生关系被认为是不符合平台特性的，因为寄生是单向的，而共生是双向的。因此，互惠共生关系和偏利共生关系是主要表现形式。

表 3-4　物流平台参与共生关系行为特征

共生关系方式	特　征
互惠共生关系	我国中小微物流企业数量众多，分布广阔，资金有限，信息化程度较低，因此需要通过物流平台开展业务。比如，车货匹配平台帮助卡车司机找到客户，提供数据整合、信息技术和其他定制化服务。物流平台通过收取会员费、广告费、企业注册和开票、担保等服务获得利润。物流平台帮助中小微物流企业累积行业经验和市场需求信息，更好地开展增值业务，完成更精确的用户画像和价值传递，在获得盈利的同时，又与用户形成了互惠共生关系
偏利共生关系	平台用户临时接触平台，对平台了解不多，偶然获得所需信息完成业务，并不打算继续和平台接触。虽然平台用户获得了价值，但不足以建立长期的共生关系，交易过程短暂。平台仅仅起到信息传递的作用，并没有从中获取信息、资源的交换，因此属于偏利共生关系

本节借鉴“六何”分析框架(5W1H)，以探讨物流平台生态系统共生关系的形成及演化过程为主线，从要素(what)、动因(why)、时间(when)、参与者(who)、情境(where)、方式(how)六个方面全面地对共生关系进行分析。

(1) 从要素(what)来看，挖掘物流平台生态系统多主体、多组织共生关系的构成要素是分析共生关系形成和演化的基础。个体组织到双边市场共生关系包含哪些核心要素？双边市场共生关系到多边市场和生态系统共生关系的核心要素有怎样的差异？这些都是进行后续研究的基础。然而，从现有研究来看，关于共生关系的概念还不明晰，尽管有学者分析了共生关系的构成维度，但却忽略了共生关系的演化。物流平台生态系统与商业生态系统和其他平台生态系统不同，对物流平台类型的划分和平台生态系统共生关系的分析不能简单照搬生态学共生关系的相关概念。

(2) 从动因(why) 来看，物流平台生态系统共生关系形成和演化的驱动因素是什么？这些因素为什么会促进相关主体共生关系的形成和演化？先前的研究表明，外部环境变革为企业发展带来挑战，同时也为企业发展带来大量的潜在机会(Zettinig and Benson-Rea，2008)。数字化平台作为中介潜移默化地影响着平台生态系统建立共生关系，这一现象已经引起一些学者的重视。从平台互补性因素来看，互补性资源和互补式创新是推动共生关系建立和演化的重要因素。未来研究将采用互补者视角，了解互补者在平台中的属性和结构位置(平台—互补者生态系统)如何影响平台成长和生态系统演化。单个组织的资源有限，与具有互补性资源的组织建立共生关系能够在很大程度上解决资源瓶颈(Varadarajan and Rajaratnam，1986)，因此本书在探索物流平台资源整合机制时，重点关注了资源异质性作为资源在共生关系形成和演化过程中的重要作用。因此，在资源异质性与价值共创的交互影响下，物流平台生态系统共生关系如何形成，并随着新的物流平台圈的加入或者推出而不断发生演化的过程是一项值得探讨的重要话题。需要特别注意的是，资源异质性—互动—价值共创也是平台生态系统内外部因素的交互影响结果。

(3) 从时间(when) 来看，个体组织到双边市场演化，共生关系和双边市场共生关系到多边市场和生态系统共生关系的形成及转化是需要予以关注的重点问题。双边市场的平台供方和需方共生关系初步形成，并不具有一般性共生关系所强调的共享、共存、共演和共创(Bosch-Sijtsema and Bosch，2015)。物流平台生态系统共生关系形成节点缺乏较为直观的指标体系来反映平台生态系统构建形态。因此，双边市场二元共生关系在发展过程中何时能够演化为多边市场物流平台供应链网络共生关系？正如前文所述，物流平台资源整合和价值共创、物流平台与互补者互动与价值共创这两个议题可能是理解共生演化过程这一黑箱的钥匙。尤其是在企业数字化转型需求增大，数字化平台及其商业模式创新成为数字经济时代的重要特征时期，越来越多的物流平台正在与竞争对手产生既竞争又合作的关系。因此，探讨物流平台生态系统利益相关者的共生关系有助于平台赋能用户和其他参与者。物流平台数字化赋能也为物流平台用户融入平台生态系统带来机会，改变了生态系统内不同主体的传统资源属性。在这种假设背景下，数字技术推动物流平台由单边到多边组织间共生关系，再到生态系统共生关系的演化，都是值得探讨的话题。此外，也可以借鉴社会网络理论、制度理论等来进一步探讨这些问题。

(4) 从参与者(who)来看，物流平台与用户、互补者和政府等主体共生关系的形成和演化涉及两个重要问题。第一，根据物流平台生态系统主体的属性或特性进行分析，如物流平台的特征包括网络效应，政府的参与主要是监管和政策辅助，这些主体是否能够加入生态系统形成共生关系，或其他组织间关系是根据具体的外部环境和变革，以及内部资源需求等因素所决定的。第二，物流平台作为主导者在平台生态系统共生关系演化中发挥主导作用。但是，物流平台的主导性地位并不是固定不变的，当互补者的互补性资源和互补式创新发挥作用，或者政府的监管强制性地改变了市场规则时，原有的共生关系可能会消退，新的共生关系可能会建立，平台生态系统的秩序也重新建立。不同类型平台生态系统主体

的加入或构建的参与方式不同，发挥的作用也不同，对平台生态系统稳定性的研究可从资源依赖理论、社会网络理论等视角出发，探讨原共生关系的主体和新共生关系的主体在价值共创过程中的作用，从而更好地理解平台生态系统共生关系的形成和演化。

(5) 从情境(where)来看，物流平台生态系统共生关系的形成和演化在什么样的情境下产生？曼彻斯特学派代表者之一马克斯·格拉克曼(Max Gluckman)在《现代祖鲁地区一个社会情境的分析》一书中提出“情境分析法”(situational analysis)。这种方法是一种动态的方法论，强调的是“生成过程”，不仅关注事件状态，而且记录事件发生和发展的过程。这种自下而上的分析方式可以避免分析过程中的目的论倾向。由于对过程的重视，使情境分析法以历史为轴线，具有时空属性，适用于揭示物流平台生态系统共生关系的形成和演化规律。比如，在探讨共生关系的问题上，平台生态系统层面的共生关系的建立和演化过程是否是持续产生，或逐步减弱后退到平台供应链网络共生关系，或转换成其他层次共生关系。因此，情境作为中介变量或调节变量是否影响物流平台生态系统共生关系势必是一个重要的研究假设，特别是在物流平台生态系统的可持续发展问题上。开放性高的平台生态系统促使更多主体加入，在何种情境下有利于良性发展？在何种情境下会产生恶性竞争并不利于稳定平台生态系统？

例如，中国独特的关系网络和制度体系，关系对平台企业个体之间行为具有重要影响，一方面可能促使个体之间产生复杂的交互作用(如产生资源和信息共享)，有利于共生关系的形成和演化；另一方面可能产生负面作用，从而阻碍这一过程。因此，采用社会网络理论分析中国情境下物流平台与参与者的共生关系的形成和演化规律，有利于为物流平台的管理实践提供新见解。

(6) 从方式(how)来看，物流平台生态系统共生关系的形成路径和演化过程需要从两个方面进行分析。第一，从物流企业个体组织—物流平台双边市场—物流平台供应链—物流平台生态系统的形成路径进行分析。在后面的章节中，本书将从价值共创过程机制视角阐述资源整合和互动如何影响物流平台生态系统价值共创。第二，物流平台生态系统生命周期的不同阶段，共生关系的建立、发展或解散是动态的过程。生态系统主体的行为和决策都会随之发生变化。例如，在物流平台逐渐成熟和壮大时，平台累积的资源池会吸引更多用户加入并寻求支持，是一种单向联系；而当拥有互补性资源的互补者加入生态系统时，双方之间的合作会从单向转向双向互惠性联系，结构嵌入物流平台生态系统网络。

基于以上的分析，本节重点探讨了物流平台生态系统共生关系演化和构建的基础。在共享经济和数字化转型的大背景下，分析平台生态系统在不同情境下的演化路径及共生关系的形成是复杂的任务。把它分解为要素、动因、时间、参与者、情境、方式六个方面，有助于我们更加清晰地理解逻辑关系和框架结构。例如，物流平台生态系统主体之间的共享逻辑与资源基础论和社会网络相关，当这些主体之间建立认同机制(如形成共同的愿景或目标)，那么生态系统可耦合。平台生态系统的治理模式也经历了从传统的权力不对等到多元化共同参的转变，这一变化需要从制度理论视角进行深入探讨。

物流平台生态系统共生关系的演化如图 3-4 所示。

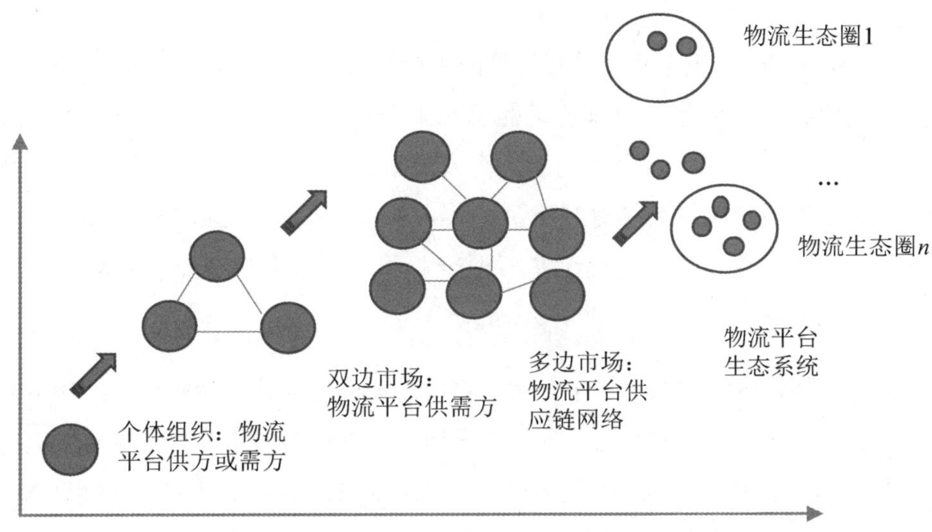

图 3-4 物流平台生态系统共生关系的演化

3.3 物流平台生态系统的结构

以往的研究侧重于对电商平台企业或者物流网络进行研究，较少以物流平台作为主要研究对象，尤其对物流平台生态系统网络的结构更是缺乏深入探究。物流平台通过外部性网络获取资源和信息的研究对构建平台生态系统极其重要。

物流平台的创新绩效不仅与外部网络结构紧密相关，同时也与自身对网络关系的驾驭能力有关。虽然大量文献强调企业通过外部关系来获取资源和机会，但一个缺乏内部能力的个体或组织显然难以有效开发机会和资源整合。因此，基于网络资源观和平台生态圈的物流平台网络能力和网络结构的互动研究具有一定的实践价值。

Moore(1993)认为，商业生态系统是一个类似于自然生态系统，企业间合作与竞争以研发新产品来满足客户需求，围绕创新变革的结构化经济联合体。这是首次将自然生态系统的概念引入企业市场活动。商业生态系统由客户、供应商、主要生产商、投资商、贸易合作伙伴、标准制定机构、工会、政府、社会公共服务机构和其他利益相关者或群体构成。产业价值链上的主体一般与企业的产品生产或服务直接相关，而商业生态系统还包括更多其他企业和组织，它们为企业提供更广泛的服务(如承担售后服务等外包业务)，提供财务咨询和技术支持、生产互补产品等。因此，商业生态系统所包括的实体已经超出了传统产业价值链的范围。

从生态学视角来看，生态企业具有明显的生命体特征，包括共生、均衡、成长、竞争、自组织、自适应和进化现象。用系统论的思想来分析企业，企业又是一个开放系统，必须持续与外界交换能量以保持自身的活力和发展。作为平台生态系统的一员，企业必须以所在系统或即将要加入的系统对其成员的要求来规划战略。Lansiti 和 levin(2004)基于商业生态系统中的角色差异，提出了基石型企业、坐收其利型企业、支配型企业和缝隙型企业。

其中，基石型(keystone)企业在平台生态系统中扮演优秀协调者角色，通过调整成员之间的各种联系，增进整个生态系统健康和提升绩效，不仅与成员分享信息和数据等资源，也与成员一起创造价值和共享价值。坐收其利型(landlords) 企业是那些不通过纵向一体化或控制某一生态系统或某一特定业务域，但又从中攫取尽可能多价值的企业，它们通过寻求和占据生态系统中的中枢位置，并利用所占有的关键位置而获利，无视甚至主动破坏所处的生态系统的健康。支配型(dominators)企业是通过纵向或横向一体化来管理和控制某一生态系统或其中某一业务域，在生态系统中占据关键位置并竭力掌控生态系统，基本不给其他企业留下共同发展的机会。缝隙型(niche)企业通常数量最多，缺乏自身资源和能力，在他人构建的平台生态系统中创造价值，专注于“缝隙化”需求和狭窄的细分市场。

Moore(1993)提出了生态系统典型结构模型，主要研究生态系统不同子系统和组织种群。以 Garnsey 和 Leong 为代表的学者提出了生态系统内部交互机制模型，关注产业生态系统的内部核心企业，通过对其合作网络的结构解析其内部交互机制。许多学者都在提倡以行动者为中心的“生态系统即属性”的方法，而 Adner(2017)则介绍了一种“生态系统即结构”的方法，采用以活动为中心的相互依赖观点。他认为生态系统指的是多方合作伙伴所产生的协调结构交互，从而实现核心价值主张。

物流平台生态圈是一个生态系统网络。物流平台生态圈网络是由物流平台型企业与用户及多边市场主体之间的各式各样的链条关系构成的。其结构可从价值活动构成、多方主体、过程模型和互动机制四个方面概括。

(1) 物流平台价值活动构成。每一个价值活动都需要相应的基本价值行动来完成，并呈现一种基本的“价值功能”。

(2) 物流平台生态系统主体。以物流平台为例，其主体包括物流平台互补者、物流平台员工和管理者、物流平台用户，以及政府、科研单位、物流园区和其他物流平台等。

(3) 物流平台生态系统过程模型。基于前因—行为—结果，基于物流平台生态系统生命周期阶段和物流平台生态系统共生关系演化的过程模型，基于关键事件(关键事件 1、2……)的过程模型。

(4) 物流平台生态系统多主体互动机制。学习机制、赋能机制、平台治理机制、价值共创机制和竞合机制等。

3.4 物流企业—物流平台—平台生态系统的跃迁

物流企业向物流平台的跃迁是一个复杂的过程，涉及多种因素的集合。以第三方物流企业为例，平台化初期，组织结构相对松散，部门间各自为政，缺乏统一的目标和协同。物流企业无法共享信息、整合资源和协同服务。通过平台化企业能够更加高效和快捷地提供多元化物流服务，以满足不同客户的需求。物流企业的供给端和需求端相互独立，而物流平台的供给端和需求端在平台化进程中可以依靠大数据、物联网等技术变革实现端口的初步数字化(如供给端内部系统的整合、需求端为制造企业运输服务的透明化等)。物流企业根据自身的定位和发展战略决定平台化建设方向。物流平台的关键要素是数据。数据的获取、使用和效益提升依赖数字化能力的培养。物流平台通过数字化连接不同端口和资源，尝试将现有的资源池分配到不同端，并转移不同类型的数据资产，以打通物流平台在供应链上不同环节的数据。为了发挥物流平台的网络外部性，母平台通过搭建子平台或分平台来实现正向溢出效应。一方面，物流企业通过接入平台实现内部信息的流转、组织效率的提升和数据的共享；另一方面，物流企业平台化可自主开发跨行业的共有平台，增加平台用户的基数以实现网络效应。

物流平台向平台生态系统的跃迁伴随着组织变革、业务流程再造和商业模式创新。在开放性物流平台支持下，通过跨领域多主体协同，形成具有弹性组织边界、生态化价值网

络和开放创新体系的企业形态。因此，平台生态系统具有较高的资源编排和整合能力。在平台生态系统中，纵轴上各个物流平台的竞合，往往围绕着以某个物流平台为链主的平台生态系统，其他物流平台要么作为子平台，要么自成小生态；横轴上是物流平台与政府、平台服务提供方和平台用户实现价值共创，构建平台生态系统竞争优势。

物流平台在数字化过程中不仅是产品和服务的桥梁，而且是物流服务集成商，与用户、互补者、供应商等多方参与主体共同参与平台生态系统构建。物流平台生态系统作为跨多个参与主体、跨时空、跨平台的服务体系，在集成化、网络化、综合一体化方面受到数字技术变革和环境的影响，因而可能会颠覆系统内的固有模式，从而导致生态系统重构。

其一，重构数字平台价值网络，会使数字平台之间的交互方式发生变化，从而对整个价值创造体系进行重构，可以从价值共创和社会网络的视角阐述；其二，数字平台化进程整合物流资源的力度强，通过整合物流资源来促进价值共创，推动了整个物流系统创新；其三，物流平台生态系统构成主体和要素众多，关联和结构复杂，与环境之间又存在着各种相互作用，是个“复杂性问题”，可以从复杂系统视角进行分析；其四，数字经济以业务数据化和数字化能力赋能平台企业，带动物流和供应链行业全面平台化重构，以更低的成本和更高的效率匹配大量物流服务供应商和用户，可以从物流服务供应链角度进行分析。

第 4 章

资源异质性、物流平台资源整合与价值共创研究

4.1 物流平台资源整合的相关研究

所谓资源整合，是通过重新组合已有的资源来实现系统优化，即一种资源优化配置的过程。资源并一定会被整合，只有当资源稀缺或被开发利用时才会被整合。这种观点强调了资源的可利用性和资源整合在市场营销领域的重要性(Lusch and Vargo，2014)。国内外物流领域的专家和学者对物流平台资源整合进行了广泛研究，并取得了一系列研究成果。

第一类是从政府角度审视物流信息平台的产生，旨在定量研究区域物流信息和资源，将物流信息平台当作双边市场的经济组织，定性分析全国范围内物流信息和资源整合的目的、意义、方法和作用。有学者将服务供应链理论应用于第四方航空物流信息平台的研究，集成了成地面物流服务提供商、货运代理、机场货站、航空运输公司、IT 服务提供商等，进行物流服务供应链战略规划(石学刚和尹纯建，2016)。

第二类侧重于供应链企业在物流运作层面的纵向合作。美国的罗宾逊首次提出无车承运人模式，通过连接运输商和客户，承担货运网络系统的资源整合，成功转型为轻资产的货运平台企业。

第三类是从资源整合的有效性机制进行探讨。平台企业通过孵化机制、能力机制和利益分配机制分别提供能力、运营资源和经济资源，并通过互动机制提供沟通渠道；保证参与方的合作程度(李雷，简兆权，等，2018)。Yang 和 Lirn(2017)以集装箱物流企业为调研对象，采用系统观点分析公司内部资源(包括物流信息技术和团队合作文化)和组织间关系(包含非正式主要利益相关者之间的沟通)对物流绩效的影响机制，得出企业内部资源(有形资产和无形资产)通过组织间关系(沟通和长期关系)和物流服务能力(服务效益、服务可靠性、服务灵活性、增值服务)对物流绩效产生影响。

第四类是从系统科学的涌现性分析资源整合。系统科学把整体具有的、孤立部分及其总和不具备的性质称为整体涌现性(whole emergence)。系统科学就是关于整体涌现性的科学理论，探索整体涌现性的条件、机制、规律及其应用。涌现性又可理解为非还原性或非加和性，即系统非加和的属性，“整体大于部分之和”与“整体小于部分之和”的差值就是涌现性。Peter(2016)运用哲学概念涌现性作为区分不同资源整合过程的基础，指出资源整合可分为基于非加和关系的资源整合(emergent relations between resources)和基于加和关系的资源整合(based on summative relations)。

第五类是从价值创造的角度阐述平台资源整合。与强调产品主导逻辑的传统企业不同，平台特性决定了其服务主导逻辑。价值创造是企业和消费者通过产品这一媒介双向互动的过程。Vargo 和 Lusch(2014)提出基于服务生态系统的价值共创观点，将服务生态系统定义为一个相对独立、资源整合参与者自我调节的系统。这个观点将资源整合视为连接社会和市场技术方面的核心手段。物流平台为了吸引用户流量，可寻求融资机会自建物流基础设施以实现规模效应，或在资金约束阶段利用众包整合资源(华中生，魏江，等，2018)。然而，这些物流整合研究主要集中在转型升级背景下的物流平台，不仅要考虑组织间网络资源，还要获取包括企业董事、经理和雇员的个人网络资源。

由于物流服务实施需要大量线上线下资源协同，因此物流服务平台基于有限的资源和较为灵活的产品设计，与互补者共同开发和生产产品，使用户通过平台获取创新能力或低成本的组件和技术能力。

4.2 资源异质性、资源整合与价值共创的关系

Penrose 提出企业是一个管理组织，同时也是人力、物力资源的集合，并把资源和能力作为获得持续竞争优势的源泉(Penrose，2009)。资源基础观认为企业拥有不同的有形和无形的资源，这些资源可转变成独特的能力，在企业间是不可流动且难以模仿的，是企业获得竞争优势的源泉(Barney，2012)。价值共创包括行动者整合资源及在参与者所嵌入的组织内进行服务交换，而资源整合模式为核心企业提升价值共创的有效性和实施价值共创活动提供了基础结构(Vargo，Maglio，et al.，2008)。

资源异质性指的是资源使用价值的差异及由此产生的使用者效用期望的差异。不同的资源要素(如土地资源和劳力资源)具有不同的使用价值，区分不同的资源类型可产生组合匹配，进而产生新的使用价值。在资源异质性方面，Rodan 和 Galunic(2004)的研究显示，资源多元化是新创企业投资决策的重要影响因素。对于新创企业来说，要想作出正确的投资决策，带来预期的效益和结果，不仅要积累足够的资源与知识，更要扩展资源和知识的广度，实现资源多元化(Rodan and Galunic，2004)。同样的道理适用于物流平台，构建平台生

态系统的企业资源与知识的异质性越高，在生态系统重构过程中，作为核心企业提高整合资源的能力就越强，当外部条件发生变化时，物流平台可以通过整合产业链条上的仓储、配送、信息等商业生态系统内外部异质性资源而不断进化，并获得竞争优势。

(1) 底层。以第三方物流为例，其商业模式在于整合了大量异质性资源，为客户提供更专业的仓储、运输、装卸、加工等服务，以及在此基础上对物流基础设施的投资和物流网络的建设。

(2) 中间层。产品平台被定义为一系列生产制造产品过程中可共享的资产的集合，包括组件、过程、知识、人才和组织间关系(Robertson and Ulrich，1998)。因此，产品平台是围绕平台提供的产品或服务的使用价值的开发。整合是平台的基础，多个细分市场的需求被整合，实现多样化产品和服务的供给及创新设计，从而满足消费者的碎片化需求，赢得市场龙头的地位(Gawer，2014)。

(3) 顶层。平台用户对资源使用价值的期望高低决定了平台企业的开发和创新。平台企业通过更好地满足资源所有者的效用期望来获取资源使用权，进而成为价值创造的途径。物流平台的生产经营活动通过异质性资源的优化配置，为平台用户提供具有崭新使用价值的产品或服务，从而促进价值共创活动。

价值共创能使物流平台通过整合产业链条上仓储、配送、信息等生态系统内部资源和外部资源获得竞争优势，也可以与互补者和用户分享资源、信息和知识，匹配动态能力和数字技术，协同创造价值。协同创造的价值融合后的创新资源经过重构和契合，能使生态系统各个参与者整合资源扩大价值，实现系统的最优化。物流平台生态系统的开放性具体体现在，能够提供将合作伙伴之间的信息流整合到相关的系统设计架构的方法论，即实现供应链运作的无缝对接和信息可视化。

综上所述，图4-1展示了物流平台认知框架，即从资源异质性到资源整合和价值共创的基本架构。

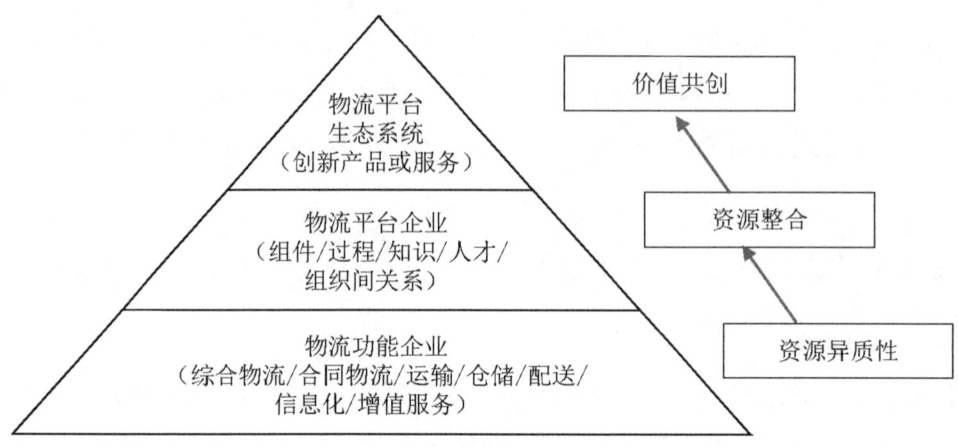

图 4-1　资源异质性、资源整合与价值共创的理论框架

4.3　物流平台的资源整合机制

物流平台在商业生态系统中的资源整合可通过三条路径完成：一是物流平台与合作伙伴异质性资源整合；二是跨平台产品和服务资源整合；三是物流平台内外部关系的整合。

4.3.1　物流平台与合作伙伴异质性资源整合

物流平台在生态系统中有许多合作伙伴(平台参与者)，这些合作伙伴负责不同的工作环节，掌握着各自的知识和资源。这些异质性资源可形成网络化资源结构，企业通过网络化资源协同能力构建线上线下资源共享的联结点，或通过不同地域区间的供需资源、行业经验和创新知识形成多式联运结构化的资源社区。物流企业线上转型利用物流平台技术和集成整合资源，提供专业仓储或运输大数据服务。在此过程中形成两种资源交互类型：一是核心企业和平台参与者之间交互模式，即“赋能”—　“依存”交互模式；二是平台参与者和平台参与者之间的交互模式，即“共生”和“再生”交互模式。

4.3.2　跨平台产品和服务资源整合

Helfat 和 Raubitschek(2018)使用互补资产(complementary assets)指代平台领导者提供的互补性产品和服务及技术。物流服务实施需要大量线上线下资源的整合，企业内部一般在有限资源和较为灵活的产品设计基础上开发和生产一系列产品和服务，而企业外部则通过平台获取创新或低成本的组件和技术或能力。因此，物流型平台企业是产品和服务或技术积聚的平台，为了构建创新型商业生态系统，物流平台运营方应具备主动产品创新机制，并通过迭代创新发展和完善平台服务内容。以传化智联为例，“传化网”线上服务平台的核心是货运经纪服务，对接庞大的货源和运力市场。货运经纪服务体系的货源端和运力端整合主要通过“陆鲸”和“易货嘀”线上平台实现。

4.3.3 物流平台内外部关系的整合

关系整合主要包括两个方面：一是系统内合作企业间关系的维持，二是系统外关键关系的识别。依靠系统外部资源创新能够推动平台产生更有价值的互补品。服务主导逻辑认为，价值创造主体不仅是企业，还包括消费者及其知识储备和技能。关系整合强调核心团队的建设，关系的识别、引进与维持。运行机制主要是指信任机制、沟通机制、共享机制与利益分配机制的确定。运行机制整合能够促进平台内成员间的信任、沟通与共享，进而实现平台内知识、资源的顺利流通。

4.4 第四方物流平台案例分析：“物流汇”

4.4.1 研究方法

本案例旨在探索资源异质性、资源整合和价值共创构建逻辑，属于“为什么”和“怎么样”的问题；由于缺乏相关数据和实证研究，因此为了多维度说明物流平台资源性质和整合机制，以及与价值共创绩效的关系，本案例采用单案例嵌入式研究法，即通过选取行业中典型的单一样本企业，从多角度对其进行考察，从而确立理论架构。尽管在案例研究中，很多学者认为多案例研究比单案例研究更为可靠，但对于独特的或比较特殊的案例来说，单案例研究能够挑战现有理论并推动理论发展，因此仍然具有重要的研究意义。

本案例的数据来源主要有：①企业官网、微信公众号、中国知网、报刊报道及评论等二手资料；②深度访谈记录。

项目组在 2018 年 5 月至 2019 年 3 月分别前往新跃公司总部实地调研 3 次，访谈负责

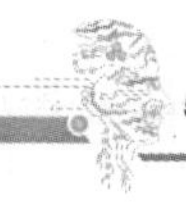

战略规划的公司高层领导共 10 人。访谈主要围绕公司发展历程、资源协同模式等展开。本研究的多种数据来源为后面的案例分析和质性分析提供了较为翔实的资料，对一、二手数据采用证据三角方法相互印证，以最大限度保证数据信度和效度。

4.4.2 案例选择

本书选择“物流汇”平台进行研究，主要原因如下。

(1) 上海新跃物流公司成立于 2006 年，其“物流汇”平台上海总公司会员超过 8000 余家，约占上海市中小微物流企业总量的 30%，符合本书对中小微物流企业的理论假设。

(2) “物流汇”平台在成长为一家互联网+物流的第四方物流企业集成化服务平台的过程中，经历数个里程碑事件，符合构建平台演变模型的要求。

(3) “物流汇”平台的一手和二手研究资料直接从上海总公司管理高层获取，案例分析和质性分析的结合有利于数据分析和验证。

4.4.3 案例描述与分析

1. 案例描述

“物流汇”作为上海新跃物流公司的中小微物流企业集成化服务平台，是极具特色的集成化物流服务商与物流资源组织者。它通过平台技术开发及模式创新，将国内外大企业的优质产品与服务转化为中小微物流企业使用便捷的产品与服务。2009 年“物流汇”服务平台正式启用。2010 年被评为上海市经信委首批“电子商务双推示范平台”。2012 年“物流汇”平台开出全国首张物流行业增值税发票，同年荣获国家级中小企业公共服务示范平台称号。2013 年获得全国增值电信业务经营许可，与无锡国税局联合建设“无锡国税局交通运输行业征管系统”，与义乌市物流办共同建设“义乌陆运物流信息平台”。2016 年 5 月 5 日上海新跃物流公司获得了中国第一张物流行业的征信业务备案书，并在平台上生成了中国第一份物流行业征信报告。该公司参与了上海市经济和信息化委员会“小微物流企业专业化征信平台”建设项目，提供了 3000 份小微物流企业的征信报告供上海市相关经济部门使用。2016 年，结合行业征信平台，上海新跃物流公司成立了物流行业商业保理公司，累计为小微物流企业实现融资超过 5 千万元。截至 2018 年，上海地区会员数超过 8000 家，约占上海市中小型物流企业总量的 30%，平台会员企业累计营收 105 亿元，累计缴纳各类税收 3.3 亿元，全国会员总数超过 3 万家。物流汇平台利用营业厅辐射及自建配送体系，通过 O2O 线上线下双渠道提供产品和服务。在不断完善单个会员企业的基础服务的同时，为会员企业间的协同合作提供了创新生态。2019 年上海新跃物流公司推出基础服务+协同服务，服务界面从电脑扩展到手机，并通过社交化小程序便捷协同合作，通过智能算法优化路线规划。线下通过全国产业园区网络铺设，为会员企业提供全周期服务。

"物流汇"平台旨在引入"服务+资源"的物流资源整合模式(见图 4-2)，其"创新服务"主要集中于提供物流企业全生命周期服务的技术方面，包括"金融服务""信息服务""大数据服务"。而它所提供的创业资源，包括"报关公司""海运公司"等物流细分行业供应商资源。"物流汇"平台以第四方物流服务为核心，实现物流业态一体化、国内外一体化、线上线下一体化、物流信息流资金流一体化、产品服务一体化等服务方式，打造了一个便捷的"一体化"物流资源协同平台。

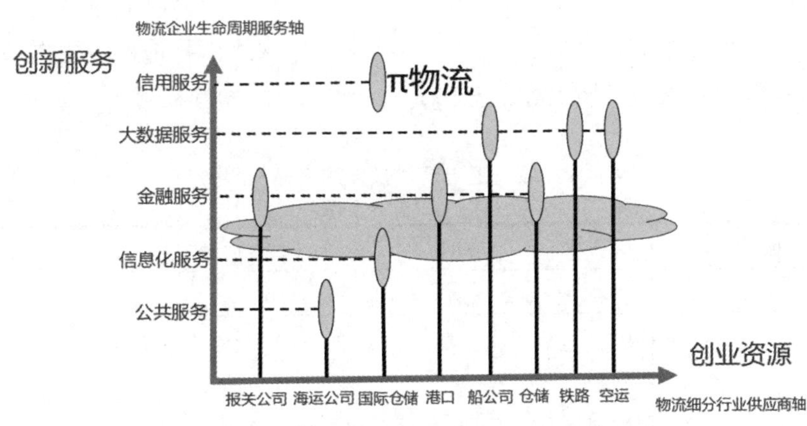

图 4-2 "物流汇"平台资源整合模式

2. "物流汇"平台企业资源整合机制

1) 资源异质性和物流平台资源整合

2018 年，"物流汇"平台致力于打造服务于"一带一路"倡议的全国性资源互联互通网络，通过全国各地节点的关联提供一体化物流资源，建设现代物流企业创新创业平台。这个计划从点到面，需要利用大数据模型分析 23 个城市或地区的数据。平台运用一套算法，客观地根据客户的业绩和信用值做匹配和推荐，从后端到前端发展，使客户能直接在平台上找到所需的供应商和承运商。平台上的"物流购"(56go.com)是物流汇的在线商场。"物流汇"地方会员串联各个节点资源，提供当地以外的全国乃至海外服务，如表 4-1 所示。

表 4-1　新跃物流大通道资源协同平台海外节点

资　源	合 作 商
口岸资源	伊尔克什坦口岸
	喀什安检中心
海外资源	酷豆湾国际贸易众包平台
	喀什综合保税区
	至贸跨境集中收付平台

2)　物流平台资源整合和价值共创

“物流汇”平台合作伙伴不仅包括银行、电信和一些保险公司(见表 4-2)，还有其他行业平台。比如，“电商汇”平台是一个混合所有制公司(杭州湾电子商务发展有限公司)拥有的，由“物流汇”平台和金山区工业区共同创建，旨在集聚电商行业资源。他们既是平台服务提供方，也是平台服务需求方，共同拓展合作伙伴网络，打造商业生态系统，整合线上线下产品和服务，并将线下的当地资源接入平台。

表 4-2　物流汇与合作伙伴的产品与服务

合作伙伴	产品与服务
中国工商银行	带有 RFID 功能的行业银行卡：“物流汇—工商银行”联名卡
中国电信	PTT 电调手机中国电信移动 3G 行业应用示范案例：智慧物流电调云平台
中国石油	物流行业应用系统：撬装式加油站
用友软件	畅捷通财务记账云平台
中国人寿财产保险等保险公司	直连式“在线即时保险”
中国平安银行	中小微物流企业无抵押、低门槛、低利率的企业油费贷款服务
上海银行	200 万元以下网上直接贷款产品，无抵押、无担保，随借随还
民生银行	中国第一个针对小微物流企业的无抵押、无担保贷款平台：物流汇—民生银行小微企业合作社
上海联合融资担保公司	针对小微物流企业的无抵押、有担保贷款产品：易贷通

“物流汇”把大量中小微物流企业的需求“打包”，通过整合大型服务供应商的服务和产品资源，转化成适合中小微物流企业的服务和产品。这不仅方便了中小微企业，也满足了银行、保险公司及工商税务部门对“为中小企业服务”的创新服务发展需求。这些大型

服务供应商包括中国工商银行、中国电信、中国平安银行、中国人寿财产保险等，也包括提供工商、税务等相关快捷服务的企业。作为平台服务企业，“物流汇”为注册会员提供信息化改造、金融保险等外包服务，满足了小微物流企业的外包需求。

2016 年 6 月 15 日，上海新跃物流公司获得了监管部门的征信服务备案登记，成为国内首家物流行业企业征信平台，并与上海正信方晟资信评估有限公司联合建立了全国首家“物流+信用大数据”公共服务平台。2016 年，上海新跃商业保理有限公司成立，对接相关商业银行和融资租赁公司，在一定程度上缓解了小微物流企业“融资难、融资贵”问题。上海新跃物流公司与国内多家优秀企业合作，共同研发了一系列适合小微物流企业的优质产品和服务。

现在，中国中微小企业间的交流大部分还是以老乡圈为主，而物流平台则通过整合物流行业资源，促进行业内的组织和交流。从商业运作方面来看，平台提供管家、工商、行政等服务，帮助小微物流企业解决它们不擅长且需要花较多时间面对的问题，使他们能够腾出精力做好物流主业。物流企业平台主要通过以下三种方式整合客户关系：第一，利用特殊的日子(如一年一度的 5 月 6 日“物流日”)聚集客户。第二，通过各企业党支部书记以党员党日特色活动召集一些企业管理者参与思想教育活动。2010 年 3 月，上海新跃物流公司成立了党支部，党建工作将“一盘散沙”式的小微物流企业聚拢起来，提高了会员单位的凝聚力，提升了整个物流行业的能级，大幅提高了会员单位的文明程度。“物流汇”不仅是物流公司的平台，也成了党建平台。第三，物流汇上海总公司在各个区(比如松江区、嘉定区、宝山区)都设有营业厅，通过营业窗口和营销人员与客户建立情感联系，除了定期访问老客户，还通过老客户介绍的形式引入新客户。

4.4.4 案例讨论

首先，“物流汇”平台作为一个集中了运输、仓储、营销、研发、信息、大数据、金融、物联网等资源的系统，为中小微物流企业提供了一个资源整合的大平台，该平台的商业模式使管理者能够掌握更多的异质性资源，并通过外部资源、信息、知识和互补性资产的吸收，实现效益最大化。平台参与者作为互补性资源的需求者和提供方，通过资源协同机制获得基础服务、增值服务或个性化服务。“物流汇”有效解决了中小微物流企业的多层次物流需求与资源匹配之间的矛盾，通过资源协同解决了物流行业货源方和车源的匹配问题，不仅极大地促进了资源共享和服务水平的提升，而且也有利于将平台多方主体的资源、信息技术融合并进行服务创新。

其次，服务于中小微物流企业的平台需要具备主动的服务创新机制，并通过不断的迭代创新来发展和完善服务内容。“物流汇”平台通过对精准数据的分析，探索建立权威的企业征信体系，为小微企业提供了创新型信用金融产品，真正解决了资金压力并降低了融资成本。“物流汇”平台积极推广的物流企业支付标准、信息数据标准及物流企业信用标准使平台客户基数不断增长，从而产生流量和网络效应。

最后，物流服务供给方种群、用户需求方种群和物流服务集成商共同构成了物流平台生态系统网络。他们所拥有的异质性资源形成了网络化资源结构，促进了生态系统内部中小微物流企业和服务提供方之间的共享资源、信息交流和交互模式的形成。即将平台的优势资源赋能线下门店，帮助其转型升级。网络化资源结构有助于构建线上线下资源共享的联结点，或者通过不同地域区间的供需资源、行业经验和创新知识形成多式联运结构化的资源社区，推动传统物流企业的转型。比如，传统物流企业的转型可通过物流平台将电子商务技术和资源进行整合，提供专业的仓储或运输大数据服务。

4.4.5 小结

物流平台与平台参与者链接线上线下两种资源，不仅可通过异质性资源为最终用户创造更多的价值，而且可通过多个参与方交互对生态圈价值共创产生积极影响。除此之外，物流平台对企业内部信息系统及相关资源、供应链各节点的企业及部门、社会上现存的零散的供需资源进行整合，还可将线下门店逐步拓展 O2O 和末端众包等创新模式。

本案例以“物流汇”平台为例，提出在产业链转型升级背景下，平台企业需要聚集生态系统中的各种专业化物流资源，为中小微物流企业获得竞争优势。“传化网”线上服务平台的核心是提供货运经纪服务，对接庞大的货源和运力市场。货运经纪服务体系的货源端和运力端的整合主要是通过“陆鲸”和“易货嘀”线上平台实现的。在构建物流平台生态系统的过程中，中小微物流企业通过平台实现线上信息共享和线下资源协同，并通过信息技术和服务创新实现价值共创。本研究的不足之处是，仅针对一个物流平台进行了分析，然而，对于不同类型的物流平台企业而言，物流平台生态系统的状态也不一样，资源整合路径也不完全相同，资源整合在资源异质性和服务创新绩效之间是否起到更多的作用是我们今后需要继续研究的课题。

第 5 章

物流平台、互补者互动与价值共创研究

5.1 互补者、互补性资源和互补式创新

平台的成功往往通过互补产品的多样性来提升对终端用户的吸引力。尽管互补者对平台的成功很重要，但对互补者性质的研究却较为不足。互补者为平台提供互补产品的前因条件是什么？互补者的属性如何影响他们支持某些平台的动机？当新平台不断涌现或现有平台扩张时，平台如何与互补者合作并改变惯例？研究平台情境的一个重要途径是从互补者视角出发，了解互补者在平台中的属性和结构位置(平台—互补者生态系统)如何影响他们支持平台的可能性。对第三方互补者的动机和行动进行系统性的研究，有助于我们了解网络效应是如何在动态平台中产生和发展的，互补者的年限和规模是否影响他们支持竞争性平台的能力，以及互补者支持平台的模式。此外，互补者与平台的合作经验对其适应或者阻碍面对技术变革和支持新平台的能力影响程度，有助于了解平台演化机制的动态性。

多边平台(multi-sided platform)和“互补者”的概念于2010年由哈佛学者Andrei Hagiu提出，并被定义为基于平台提供的核心技术资源而开发互补性产品、服务或技术的外部企业主体(Zhu and Liu，2018；Zhu and Lansiti，2019)。除了供应方(开发者)和需求方(用户)，互补者作为第三方在不同行业拥有不同的含义。例如，在电子游戏行业，微软的Xbox游戏机与索尼的PlayStation游戏机作为游戏平台吸引互补者(第三方开发人员)入驻并开发用户所喜欢的游戏；在iTunes音乐平台上，互补者(音乐制作人)将他们的产品销售给iPhone用户。正如微软、Facebook和苹果建立的庞大的平台生态系统，通过刺激互补者与客户端的积极互动，促进互补性产品和价值的增长。京东起初只是做3C产品的销售和物流，后来开放平台并拓展到快递、快运、冷链、跨境、物流地产等全方位的互补产品领域，以及物流云、云仓、区块链等互补式创新领域。

随着数字技术的发展，互补者是指那些基于平台提供的核心技术资源而开发互补性产品、服务或技术的外部企业主体，这些互补者使平台对消费者更具价值(Ceccagnoli，Forman，et al.，2012；Gawer and Cusumano，2014)。平台互补者有时也被称为“利基参与者”，因为平台提供基础产品或服务，互补者为具有特定功能要求的特殊利基市场提供产品、服务或技术(Gawer and Henderson，2007；Boudreau，2017)。在双边市场中，平台企业准确定位双边市场与识别双边用户，互补性资源的获取能有效确保平台双边用户间相互补足对方拥有但无法自行获得的资源或价值，从而产生互补效应，并通过机制设计强化双边互补关系。

Helfat 和 Raubitschek 使用互补资产(complementary assets)来指代平台领导者提供的互补性产品和服务，以及平台领导者使用的互补性技术用于创新(如软件的商业化运作)(Helfat and Raubitschek，2018)。互补者可能来自不同的行业，不受契约条款的约束，但存在显著的相互依赖关系(Jacobides，Cennamo，et al.，2018)。

平台的开放性特征使外部参与者参与互补产品的商业化开发。平台生态系统以核心企业为中心，互补者在外围或边缘。在数据收集过程中，软件平台企业可监控单个应用程序开发者在生态系统中的位置，并由此获取其他生态系统成员(如服务提供商)的互补性资源，并帮助平台企业或应用程序开发人员使用“结构漏洞”进行分析(Ahuja，2000)，或通过共享开源技术或技术标准连接到平台上产生互补式创新。譬如，信息技术类平台的互补式创新可以是编程接口、软件开发套件、硬件、软件等形式，扩展平台的用途和功能。开放平台战略的价值在于提供给用户的各种可用互补品及其组合重组。对外开放平台使外部参与者可以在平台所有者的专业知识以外的领域开发互补式创新(West and Wood，2013；Gawer and Cusumano，2014；Boudreau，2017)。

5.2 平台与互补者的互动和价值共创研究

在平台生态系统的研究方法中，平台企业的互补性研究是平台参与者之间互动的具体体现与深化，互补者和中小微物流企业的互补与互动延伸到以下三个方面的研究。第一，平台与互补者之间的关系从概念特征探讨到内部互动机制研究的内容转变，比如平台企业判断是否进入互补品市场，或者选择坚持自己的产品领域，与互补者良性互动。因此，挖掘平台企业与互补者的关系是互动与否的前提。第二，从运营管理层次到系统的研究视角演变，比如物流平台生态系统往往是大量物流平台、互补者和中小微物流企业的集合，需要从系统的视角探究网络效应是如何在互动中产生和发展的。第三，从以理论分析为主到实证案例研究为主的研究方法的变化。以往的实证研究大多集中在视频网站、游戏电脑等领域的平台企业与互补者的互动，极少涉及物流服务型平台。关于平台企业与互补者的研究大多考虑通过标准化和平台接口建立平台生态系统(Gawer，2014)，平台赞助者和互补者之间的联系(Ceccagnoli，Forman，et al.，2012；Ozalp，Cennamo，et al.，2018)，领导者平台在行业层面上的角色(Gawer and Cusumano，2008)，以及平台的技术复杂性取决于互补者的创新能力(Kapoor and Agarwal，2017)。在战略管理文献中，平台与互补者的关系可以从组织间网络层面来看，比如第三方开发者和平台提供商之间的偏好性选择影响着平台的成功与否。

5.2.1 互动研究的必要性

互联网数据中心(IDC)显示，2021 年全球 2000 强企业中有一半以上使用数字化服务交互，其中 1/3 来自 API 开放生态系统。平台企业和用户服务交互虽然很重要，但是却较少被当作理论研究的重点。在对物流平台的调研中，我们发现物流平台偏重于客户的互动，忽视与互补者(主要有市场调研、广告策划、投融资机构等)的互动和对互补式资源的获取。因此，互动研究的必要性可概括为以下三个方面。

(1) 数字化时代具有动荡性、不确定性、复杂性和模糊性的特点。大数据、物联网和区块链等信息技术的发展使物流产品和服务趋向无人化、网络化和智能化(Arun Sampaul Thomas and Harold Robinson，2020)。中小微物流企业受疫情影响较大，又因其自身资源有限，物流业务必定具有时空分布性，所以需要借助各自在时空和能力上的互补优势协调完成物流业务。以物流服务为典型内容的服务主导型数字平台逐渐成为物流业发展的新模式(Qin，Liu，et al.，2020)。

(2) 国内外关于数字平台的研究仍处于概念、特征、竞争、资源观、动态能力、网络、技术因素等驱动的描述性阶段(Astyne，Parker，et al.，2016；龚丽敏和江诗松，2016)，已有较多从平台运营商视角出发的研究(如平台领导权(Gawer and Henderson，2007))。然而，平台参与者拥有能动性，尤其是平台与互补者的战略互动(Cennamo and Santalo，2013；Kapoor and Lee，2013)在平台可持续发展中发挥着重要作用。随着数字技术的发展，新创数字平台的架构得以重构，加入已有互联网平台生态系统或创建新的跨界标准，将彻底改变平台和互补者的关系(McIntyre and Srinivasan，2017)。但是，如果忽视服务供应链成员之间的复杂交互和动态行为因素，将影响互动者之间的协调(Liu，2019)。

(3) 随着物流服务型平台企业的迅速发展，使平台企业与互补企业的联结成为平台生态系统发展的基础，而互补性企业的互动又促进平台生态系统的健康发展。共生关键群体的互动催化平台网络效应，吸引更多共生群体参与互动。当他们共生于一个系统中时，每个个体都存在其特质和行为，即“反化约”主义(anti-reductionism)。这些个体企业和个人的互动形成的网络结构及其行为将通过演化而“涌现”。从不同视角深入研究物流平台与所嵌入的技术、环境，以及中小微物流企业之间的复杂交互，有利于理解平台生态系统的参与主体及其联结关系和结构，使数字平台和其他利益相关者更有效地沟通和交换价值(Evans and Schmalensee，2016)。在新兴的全球商业竞争中，网络化的数字平台商业模式允许互补者和用户参与价值创造并共享价值。

5.2.2 平台与互补者的关系

平台通过一个共同的架构提供价值，理论上生态系统的接口被规范分割成一个相对稳定的平台和若干互补模块，并管理这些不同成分之间的相互作用(Tiwana，Konsynski，et al.，2010)。因此，平台架构是管理平台企业和互补者互动的接口规范。在平台中介网络(platform-mediated network)中，Evans 和 Schmalensee(2007)描述了平台参与者之间的互动受网络效应影响，以及由平台作为中介的特定情境。直接的网络效应是指用户的参与取决于与之互动的其他网络用户，而间接的网络效应则可以增加价值，比如视频流服务的平台 Netflix 为用户提供大量好看的电影和节目，而电影制片厂和其他内容提供商则从广大观众中获益。这种相互依赖关系增强了平台作为用户(无论是个人还是组织)交易中介的功能(McIntyre and Srinivasan，2017)。

平台与互补者之间的关系可以从战略管理文献中的组织间网络层面去理解，第三方开发者和平台提供商之间的偏好性选择对平台的成功起着关键作用。绝大多数组织间网络的研究关注网络合作伙伴关系及其背后的管理和行为决策。因此，许多组织间网络的研究都尝试应用社会网络理论的概念，如网络中心度、网络嵌入性和合作伙伴选择指标中的关系等。平台—互补者关系是一种特殊的组织间网络，那么平台企业和互补者之间的联系如何影响绩效呢？

在技术管理领域，平台被视为创新系统的产物，其边界扩展产生间接网络效应。比如，平台互补者的设计行为可以选择移植(将互补产品发布到竞争平台上)或者增强(发布排他性互补产品)，这都能不同程度上影响平台的价值(Baldwin and Clark，2000)。这一设想能够帮助我们理解某一特定时间段内互补性的强度(数量)和唯一性(排他性)的影响。这项研究为企业寻求网络效应的力量和在竞争平台上获得异质性竞争优势提供了帮助。

经济学家和战略学者对平台网络市场的研究重点通常在于如何建立一个早期大规模用户基础以增加直接网络效应的策略。一些研究已经开始探索互补产品如何在推动间接网络效应，进而推动平台成功方面发挥作用。互补产品在提升平台对用户的价值方面发挥着至关重要的作用。例如，微软公司在 Windows 平台上的成功很大程度上取决于其办公软件的可用性。尽管有大量关于互补产品价值的历史资料，但对平台治理研究中的第三方互补者和互补者企业的实证研究还相对较少。例如，在智能手机市场的争夺中，苹果(Apple)和谷歌一直在争夺游戏开发商，以确保他们的平台游戏排名第一。新闻媒体也关注了这一现象，但极少有研究会考虑，除了互补者的数量对于平台成功起关键作用外，互补者的其他属性是否也能推动平台的成功。

例如，一个平台的互补者的排他性、互补者的多样性，以及平台公司从主导型互补者获取资源互补的能力都是值得研究的方向。互补者的排他性承诺是否提升了平台对终端用户的价值？从大型、知名的互补者获得支持与从大量互补者总体获得支持有何差异效应吗？对平台成功的影响哪个更大？互补者的多样性还是互补者的数量？

5.2.3 平台与互补者互动和价值共创机制

数字多边平台(MSP)生态系统具有横向(或间接)网络效应的特点，即平台一方的价值取决于平台另一方的数量和质量(Jacobides，Cennamo，et al.，2018)。其治理结构包括设置参与方可以访问平台及访问的规则。这些规则决定了平台对外部供应商的开放程度和每一方的供应商数量，并影响互补产品的性质和质量。此外，治理结构包括各方如何交互的规则，从而决定了平台不同方面的各方交互的结构。数字多边平台生态系统的治理结构包括给予平台不同方面的各方参与的激励(Astyne，Parker，et al.，2016)。

1. 互动主体

数字化技术支持的互动在不同情境下可呈现创新的互动对象，如人机交互或者人机交互的定制化和情景化。以往研究互动的主体主要限制为人或由人组成的组织。现在，有的学者从顾客的视角出发，将互动类型分为产品间互动、人机互动和人际互动(Nambisan，Siegel，et al.，2018)。然而，人机互动和产品互动中的另一方(计算机和产品)并不会积极主动地实施价值共创行为并作出复杂回应。本书提出互动对象可被定义为人、机器、技术和各种人、机器和技术的集合。互动主体的多样性意味着其提供价值和价值捕获的方式多样化，塑造参与者之间的服务生态系统。

2. 互动理论

互动导向理论被界定为：企业通过与个体层面的顾客进行互动，从中获取信息，以建立长期的、能为企业带来盈利的顾客关系的能力(Ramani and Kumar，2008)。价值共创理论

认为互动是价值共创的行为轨迹(Grönroos and Voima，2013)，是供应链管理活动中各主体之间主动、有意识的相互作用或影响的一项功能，互动的目的在于确认彼此的资源和能力，并通过有效地组合创造价值以应对潜在的各种问题(Axelsson and Wynstra，2000)。

3. 点—关系—网络—环境—多主体互动模型的构建

社会网络分析测量了参与者之间的网络连接度、对称性和网络强度。考虑到网络效应本质上是一种需求侧现象，基于调查的测量方法可以有效地衡量网络会员制(network membership)对消费者的价值，即网络会员制在产品总价值中所占的比例。如果消费者认为网络互动比产品功能更重要，那么就可以推断网络互动强度更高(McIntyre and Srinivasan，2017)。因此，网络强度的健壮性(robustness)测量和验证是确定不同行业网络效应的先决条件。平台成功的关键不在于单个或一次性的互动作用(尽管是有价值的互动作用)，而在于可持续和可重复的互动作用(Astyne，Parker，et al.，2016)，这些互动作用促进了生态系统的增长或更新。Bramoulle 等人从网络结构视角出发，利用人与人之间是否存在某种社会关系(如好友关系) 构造了社会关系网络矩阵，并在此基础上将线性均值模型中的群体行为和特征纳入社会网络框架的研究体系中，详细讨论了利用社会网络互动模型来识别个体之间社会互动的可行性，并给出了具体的识别条件(Bramoullé，Djebbari，et al.，2009)。

数字平台主要为线上平台(互联网平台)，其功能是为双边或多边参与者提供产品、服务或信息，资源获取形式也是网上的虚拟空间，包括信息平台、社区平台、众筹平台、众包平台等。线下平台主要表现为以实物、场地作为载体，促成交易并获取收益的具体场所，如仓库、客户服务中心等。为提升竞争能力、拓展市场、争取客源，很多线下企业平台化转型，搭建线上平台，因此线上线下互动的研究具有理论和实践意义。本书结合 Bramoulle 等人的网络结构观点和线上线下平台互动，构建了点—关系—网络—环境—多主体互动模型，如图 5-1 所示。

根据服务主导逻辑理论中“服务是一切经济交换的根本基础”和“顾客是价值的共同创造者”(Vargo，Maglio，et al.，2008)，以物流行业转型和“变革”为背景，探索不同类型的物流平台在生态系统生命周期各个阶段与平台利益相关者交互。平台管理的关键在于如何促进平台使用者之间的联结和价值互动，以实现对异质性资源的利用和共享。

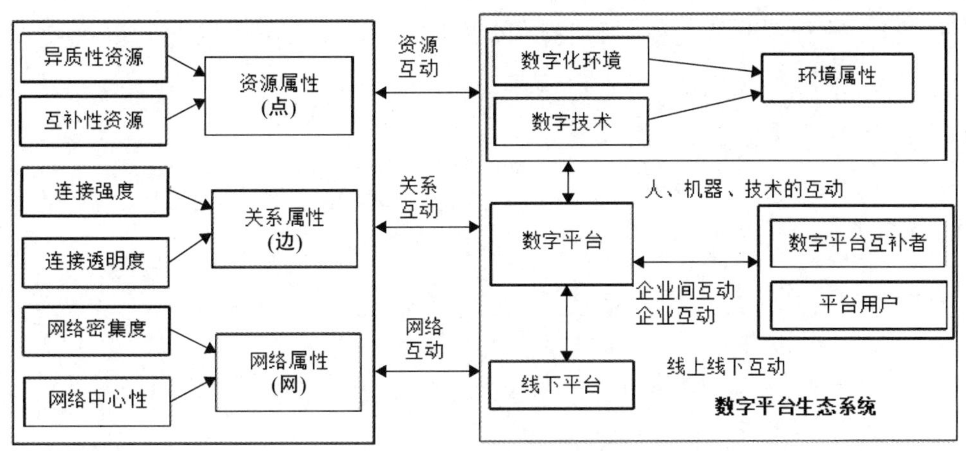

图 5-1　点—关系—网络—环境—多主体互动模型

5.3　公路港平台案例分析：以传化智联为例

5.3.1　案例背景

传统公路港模式是面向整车物流市场。过去，货主和车主之间存在信息不对称问题，即货主难以找到承运车辆，车主难以接到货运订单，同时运输成本高，不利于行业的可持续发展。一般，中小型制造业倾向于外包货运运输，根据承运商的情况、货物的规模和重要性作出选择。因此，出现了信息交易部。

1)　信息交易部：线下撮合交易场所

第一种情况，货主将货物交给有过合作的个体司机运输，适用于货运量较小的情况；第二种情况，若货主有稳定且大量的货源，可委托第三方物流公司(3PL)运输和配送；第三种情况，货主也可把运输任务委托给货物代理企业或个人(俗称黄牛)，他们对运力资源市场的货运价格、运输路线、货车数量、信用保障水平较为了解，会选择信用保障水平较高的3PL或个体司机来完成运输和配送任务。

在信息从货主到最后承运商的多级传递中，信息不对称问题日益凸显。货主需要支付中介费给货代，一级货代传递信息给二级货代耗时较长；司机完成一单运输后，回程配货时间长、空驶率高(只能空载返回或者去附近的物流集散市场找货源)；货主和承运商信息缺乏自动匹配，导致货主无车可用、承运商有车无货可运。信息不对称现象如图 5-2 所示。

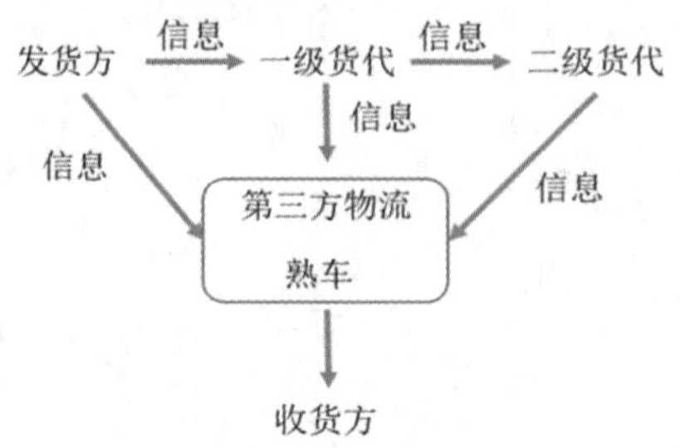

图 5-2 信息不对称现象

在公路运输中，零担运输流程不同于整车运输。货主联系 3PL 发货，货物集中到物流集散中心进行分拣，按照规格、重量、物品种类、目的地进行分类，再按照分类结果合理搭配装车并进行运输，到达目的地后再对货物进行分拣，最后配送至收货人。由于公路物流经营场所规范性不统一，分拨设施较少，很难合理的根据货物大小、轻重进行配货，从而导致车辆装载率较低，降低了整体物流效率。

2) 传统公路港应运而生：围绕货主和卡车司机的第三方配套服务中心

随着时间的推移，信息交易市场已难以满足各方需求：政府对城市规划要求越来越高，承运方需要电子智能化的信息发布，司机需要信息汇总和降低时间成本。由此，传统公路港模式应运而生：由政府批准，委托第三方建设物流园区，园区内设置信息交易所，通过电子信息屏统一发布货物运输信息；配备抽检中心、仓储中心、零担快运中心、汽修汽配中心和加油站等设施，构成了一个为货主和卡车司机提供服务的第三方配套服务中心。

3) 传化公路港模式是一个线上线下结合的平台生态系统模式

传统的公路物流园区，以单一物业形态存在，面临着中小型物流企业小、散、乱、差的问题，同时也存在着车与货难以高效流转的问题。传化公路港模式针对这些行业痛点提供了解决方案。自 2000 年，针对国内公路物流现状和症结，传化创新性地提出了“公路港”物流模式，2003 年杭州公路港平台建成，2008 年公司在成都开设了第二个公路港，2013 年开始向全国拓展。

根据公司年报披露的信息，传化模式的特点是将“信息交易中心、车源中心、仓储中心、配送中心、零担快运中心、管理服务中心”等核心功能，以及以公共服务为代表的“财税、公安、交警”等服务体系，还有“住宿、餐饮、维修、法律咨询”等中介和自营服务融合到物流园区中，打造了一个服务于“物流企业、货车司机、商贸企业”的新型城市物流生态圈，汇集了“车流、人流、物流、商流”，并通过集约化、专业化的管理和服务，逐步改善地区物流生态。传化公路港初创期的商业模式如图 5-3 所示。

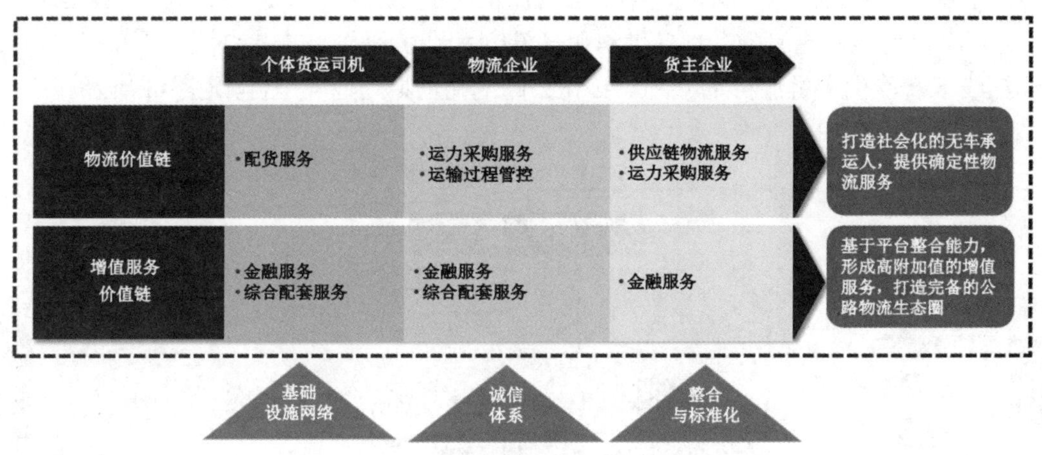

图 5-3 传化公路港初创期的商业模式

(资料来源：传化物流集团有限公司公告。)

从业务流程来看，公路货运行业拥有丰富的线下操作场景，如装卸、中转、加油、维修等，尤其是大型专线公司通常拥有长期稳定的货源，对线下设施依赖性较大，线上模式并不能完全取代线下操作。线上和线下模式的不断融合，最终形成了一个线上线下结合的发展模式。线上模式属于轻资产发展模式，其优势在于初期投入较少，会员积累速度较快，但同时也面临着用户黏性低、盈利模式不明确等问题，长期盈利仍需依靠线下业务场景提供增值服务。线下模式属于重资产发展模式，虽然初期投入较大，但依托于实体设施，能够提供货物分拨、仓储等配套服务。实体平台的存在有助于增强客户黏性，并在各个业务场景中实现流量变现，具备不可替代的作用。

5.3.2 案例描述和分析

1. 案例选择

2013 年 6 月，中华人民共和国国家发展和改革委员会、工业和信息化部、自然资源部、住房和城乡建设部、交通运输部五部委肯定了“公路港”这一利用实体和信息平台衔接匹配车货信息的物流运作模式，并推广传化“公路港”物流经验。2016 年 6 月，公路港模式被纳入国务院 (国办 43 号)文件，成为国家级项目。2021 年 5 月，传化智联被选为国家发展和改革委员会颁布的国家级两业融合典型案例与供应链示范企业之一。

作为公路物流行业平台运营商，传化智联以传化网智能物流业务为核心，通过线上“互联网物流平台”与线下“公路港实体网络”相结合，建立了城市物流中心、智能系统与金融服务平台三大基础设施。同时，整合了物流供应链服务、金融服务、区域综合服务、车货信息服务、智能制造服务、物资供销服务等六大业务平台，连接 N 个外部平台，实现了线上线下智能供应链服务的互动。传化公路港初创期的业务平台如图 5-4 所示。

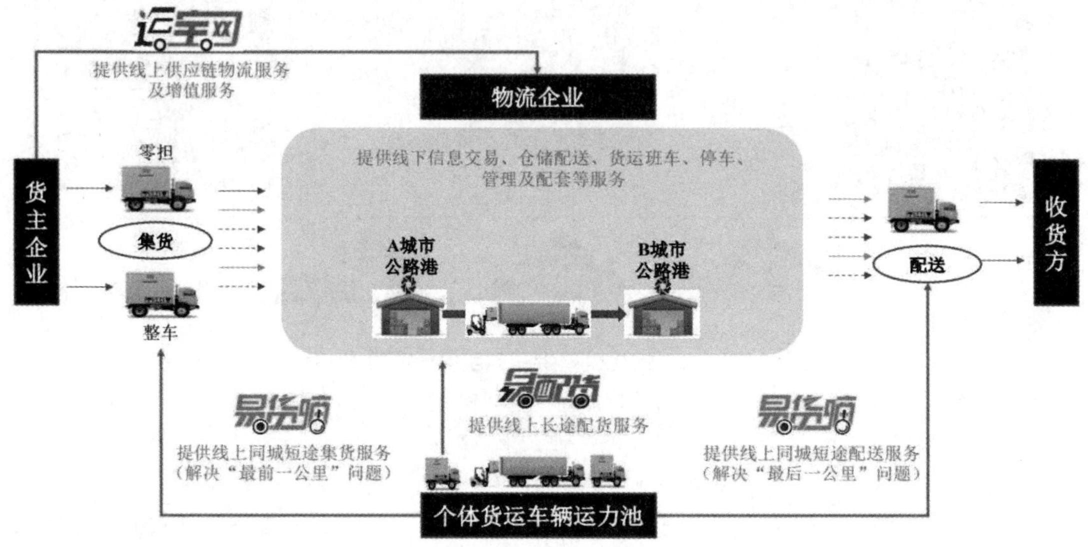

图 5-4　传化公路港初创期的业务平台

(资料来源：传化物流集团有限公司公告。)

2020 年，传化智联全网年收发货达到 6.77 亿件，累计服务制造企业超过 20 万家。服务从企业的物流外包开始，逐渐渗透到企业的采购、生产、仓储、配送、金融等全流程物流供应链，并在化工、车后(汽车后市场)、快速消费品、高科技等行业逐步形成了行业物流供应链解决方案，系统性地解决了中国公路物流的短板问题，提升了公路物流效率，降低了公路物流成本，打造了以“物流+互联网+金融服务”为特点的中国公路物流新生态。

传化智联物流平台以传化网为主体，构建了一个物流、信息、资金链互联互通的公路物流生态体系。该平台以基础设施网络、诚信体系、整合与标准化为三大支柱，围绕“物流价值链”与“增值服务价值链”，为个体司机、物流企业、货主企业等三大公路物流主体提供平台服务。具体服务内容如表 5-1 所示。

在专线市场空载率和超载率双高的情况下，传化物流着手打造以“公路港”为基础的“传化网模式”，其中“公路港”(实体网络)是干线和同城配送的基础，将区域内的车、货、人集中至公司线下的“公路港”园区，进行货物分拣、信息统计、仓储、收发等活动，并通过建立遍布全国的“公路港”网络，实现跨区域联动。“传化网”主要包括三个层次，如图 5-5 所示。

表 5-1 传化智联物流平台的服务对象、服务类型和服务内容

服务对象	服务类型	服务内容
个体司机	物流服务	长途及短途配货服务，降低车辆空驶率
	增值服务	住宿、购物、汽修汽配等生活、运输配套服务，以及支付、信用等金融服务
物流企业	物流服务	全国性运力采购、运输过程管控等服务
	增值服务	信用、资管、委托代理等相关金融服务，并提供相关商务配套服务
货主企业	物流服务	供应链解决方案、运力采购等服务，降低整体物流成本
	增值服务	基于货权监管的供应链金融服务

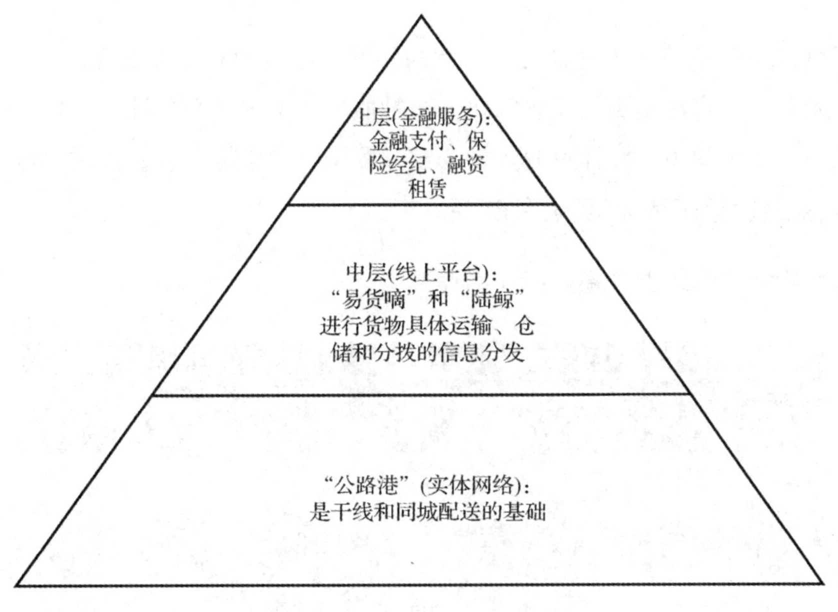

图 5-5 传化网的层次结构

2. 传化智联物流平台线上服务运营模式

为了提升传化智联物流平台的数字化能力，线上服务将线下业务导入线上，并通过数据沉淀后的算法优化提高业务效率。公司智能信息系统分为线上业务平台与后台管理信息系统两类，业务平台以陆鲸、易货嘀两大软件为入口，将线下公路港实体网络集聚的货源、订单等信息导入线上，提供运力调度平台，并通过覆盖全业务流程的管理信息系统优化各项业务流程，为线下业务提供更加高效的算法指引，形成传化网线下线上两大物流服务平

台联动，提升物流经营效率。

传化陆鲸科技有限公司是传化智联的下属子公司，基于全国化实体公路港网络，通过网络货运模式，利用传化全网资源，为货主企业提供运力派单、运输管理、路径可视、运费支付、票据结算等全链路物流与增值服务，构建了一个集货主、物流企业、运力、车后市场、金融于一体的物流服务平台。传化陆鲸科技有限公司的运营规模、平台服务能力、系统支撑能力、平台管理能力及应急与风控能力均达到国家 5A 级网络货运企业标准。

“易货嘀”平台主要面向 B2B 同城配送平台，提供标准化整车和零担拼车两类服务，为企业打造一站式城市物流解决方案，实现揽货入港和揽货入网，最终为“传化网”搭建最前一公里和最后一公里的集货、仓储、配送网络。平台通过智能派单、车主在线接单实现同城配送的车货匹配。易货嘀业务已覆盖全国 31 个主要城市，累计服务超过 1600 家中大型企业客户，平台上加盟了超过 1000 家同城货运车队和近十万名同城货运司机。

传化智联的金融业务涵盖金融支付、保险经纪、融资租赁、商业保险理赔等，并已获得相应金融牌照，为客户提供全面定制化的金融服务，增强平台黏性。2017 年 6 月，传化集团获得第三方支付牌照，并针对业务场景，开发了“易税宝”、招商宝等 7 款商业保理产品，以及多款融资租赁产品和保险经纪产品。

传化智联物流平台线上布局如图 5-6 所示。

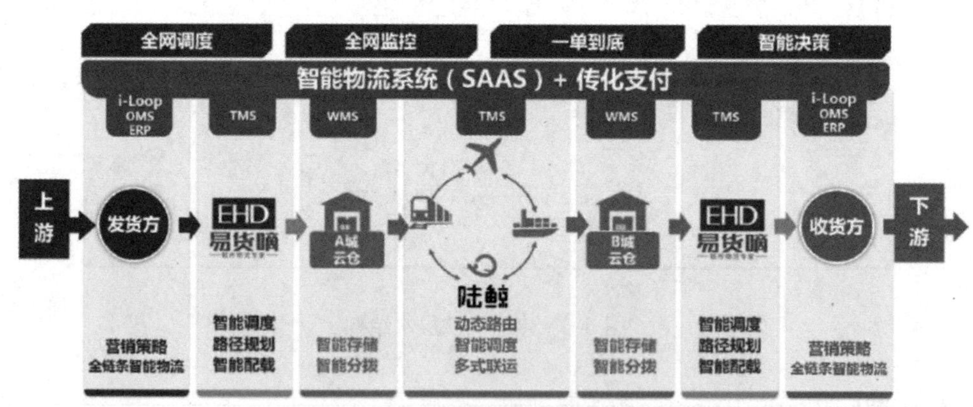

图 5-6　传化智联物流平台线上布局

（资料来源：传化物流集团有限公司官网。）

3. 传化智联物流平台线下运营模式

在公路货物运输领域，小票零担领域的标准化和规模效应加强，形成了自身的转运中心网络。而在大票零担领域，由于缺乏标准化和以小微物流企业为主，导致资金不足，难以建立中转网络。线下“公路港”作为“传化网”的实体服务入口，聚集了社会上大量零散货运资源，在物流区进行整合，集沙成塔，形成大规模货源，实现区域物流资源整合，并通过交易中心和信息部办公区域发布货源信息，吸引司机、货代、物流公司。

传化智联通过“公路港”物流园区聚集区域内的小微物流企业，整合有形物流要素，并提供相应服务。

传化“公路港”服务于三大主体，即中小型物流企业、政府服务机构及社会车辆，打造基于实体市场的综合性多层次服务平台。同时，传化物流围绕“传化网”模式持续建设全国化物流中心网络，以“公路港”为核心，通过产品与服务打造综合供应链服务能力，形成共享基础设施网络，构建连接公路、铁路、水运、航空等多式联运体系，拥有互联互通的网络资源优势。

典型公路港通常包括信息交易中心、智能车源中心、仓储配送中心、管理服务中心与配套服务中心等多功能模块。传化物流线下“公路港”营运模式与机场或港口类似，包括物业租赁(仓储、零担分拨、三产服务及其他设施的租金)，交易服务费收入，油品销售和保险经纪等收入，并提供信息支持服务、设备设施保障服务、生活后勤保障服务、行政配套服务、商务配套服务等五种服务类型。

传化智联作为一家综合性物流服务提供商，提供以下六大线下服务。

(1) 交易服务。通过系统整合处理物流企业的货源、车源、仓储等信息，并在大屏幕上发布。客户可以通过传化物流平台发布和查询交易信息。

(2) 信息支持服务。传化物流园区的信息系统为入驻物流企业提供信息平台，引导物流企业利用现代技术进行业务运作，实现物流活动的数据化管理，促进物流企业的业务拓展和运营成本降低。

(3) 专业运输中心服务。传化物流平台提供水路、铁路、公路和多式联运等多种运输方式，以及大件、散货、冷链等多种需求的运输服务。物流园区内可同时停放1200辆专业车辆，满足不同需求的运输服务。

(4) 专业仓储中心服务。物流园区内的仓储总面积达12万平方米，包括一般仓库、零担仓库和根据客户需求定制的个性化仓库，可为企业提供优质、高效、便捷的仓储服务。

(5) 流通配送中心服务。传化物流园区采用标准化作业体系和现代物流设施，为连锁超市等流通企业提供商品批发、配送、储存、运输等专业化物流服务。

(6) 转运中心服务。利用物流园区的运输服务，支持物流园区内物流企业的转运业务有效执行。

通过线上“互联网+物流”与线下“公路港实体网络”的联动模式，结合企业构建的金融服务，实现“传化网”交易闭环。“传化网”通过传化物流平台、传化物流园区及传化物流金融的结合模式，形成一个完善的物流服务交易市场，最终实现公路物流 O2O 发展模式的目标。传化智联线上线下服务平台模式如图 5-7 所示。

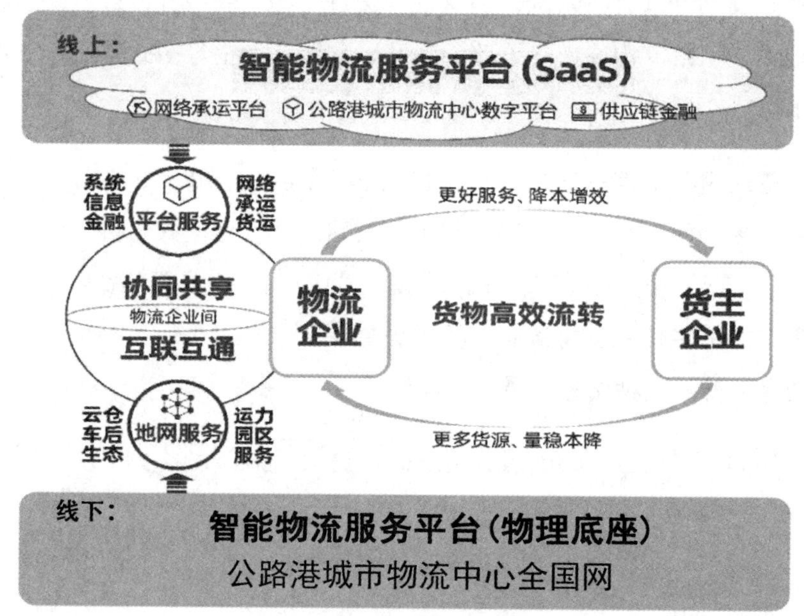

图 5-7 传化智联线上线下服务平台模式

(资料来源：传化物流集团有限公司公告。)

(1) 传化智联物流平台通过传化物流打造的线下人车货的物流社区经济，实现集采集购，利用大规模效应降低成本，提高成员企业收益。

(2) “传化网”的金融支付功能使传化智联物流平台园区的营收和流水快速沉淀，最大化资金和网络规模的边际效益。

(3) 传化智联物流平台服务模式的盈利点包括供应链业务、仓储业务、运力甩挂、城市配送和增值服务等。

5.3.3 案例讨论

1. 线下“公路港”模式的开创者，拥有先发优势与平台规模优势

如前所述，传化是公路港模式的开创者，拥有全国规模最大的公路港城市物流中心基础设施网络，得到国家部委和政府的广泛认可，并在国家物流枢纽布局与建设规划中扮演重要角色。

20 年的发展使“公路港”从单一基础物流设施物业服务转变为网络化、智能化的生态型平台，形成了同时服务于物流企业、货车司机和商贸企业，构建了城市新型物流生态圈，建立了行业先发优势。

2. 线上线下融合的一体化优势

不同于纯线上平台和纯物流园区，传化“公路港”自 2019 年起推动线上线下一体化，统一各业务环节的组件、标准和接口，帮助物流企业实现专业分工的标准化和线上化，通过线上交易实现协同共享，解决城际货运揽活难、落地难的问题，并由此形成了 “智能公路港服务+物流服务+网络货运服务+金融服务”的一体化平台模式。

3. 进一步拓展供应链物流解决方案

传化“公路港”线下整合了仓储网络、分拨网络、干线及城配运力等物流服务资源，线上整合平台运力资源，形成行业端到端的供应链物流解决方案，专注于化工、汽车后市场、快消、科技四个行业。建立了覆盖 34 个城市、总面积达 30 万平方米的自营仓储物业，通过整合平台内外物流企业与社会车辆，构建起全国化的仓配服务体系，提供货物出厂后端到端的物流服务业务。

传化智联物流平台利用线上互联网大数据和线下“公路港”园区联动，系统性地解决了中国专线市场的短缺问题，建立起车源与货源之间的联系，深入了解传化智联物流平台的运营模式及线上线下的有效联动，以及如何构建“传化网”生态系统框架，实现公路物流 O2O 发展生态至关重要。然而，通过线上物流平台及线下实体网络构建物流平台生产系统需要大量资金支持，这种重资产模式需要物流平台承担更大的风险。

第 6 章

物流平台生态系统价值共创研究

随着云计算、大数据、人工智能等信息技术的发展和普及，物流平台的共享特性已经链接了互补者和平台用户。平台生态系统的动态化、系统化、网络化的复杂演化特征也使价值共创研究逻辑和理论框架展现出新的特点和变化。然而，从平台生态系统视角出发的价值共创研究仍处于理论构建阶段，现有研究多将价值共创理论和观点纳入平台生态系统情境中，核心依然是服务科学领域服务主导逻辑下的价值共创理论与观点(钟琦，杨雪帆，等，2020)。

平台企业竞争优势的构建与形成对于促进平台企业的生存、运行、发展和成长至关重要。中国作为世界人口大国，具有天然的用户优势，催生了一些采用先进数字技术的平台企业，但国内关于平台生态系统构建和价值共创的研究尚缺乏多方面、多层面、多角度的理论和实证研究，导致当前数字经济背景下平台企业竞争优势形成的理论研究难以助力平台企业的实践发展。数字经济发展方兴未艾，处于这一背景下的平台企业，很难单纯依靠传统能力和资源获取竞争优势并取得成功发展。

首先，价值共创是生态系统运行的内在逻辑，是人力、组织、知识等的互动和资源整合的动态过程。各方利益相关者参与价值共创，协同面对竞争，构建共生的价值生态(Gummesson and Mele，2010；Vargo and Lusch，2016；刘晓彦，简兆权，等，2020)。尽管跨层次、跨组织的资源整合是价值共创的重要前提(Storbacka，Brodie，et al.，2016)，但现有研究对价值共创主体的识别及其关系属性的深入挖掘不足，且对主体间的互动机制研究也相对较少(Panico and Cennamo，2020)。

其次，在数字技术推动下，传统物流企业的组织形式和商业模式进行数字化转型，改变了企业创造价值、传递价值和捕获价值的方式，并产生海量数据，为基于数据驱动的数字化赋能创造了新的商业机会(Cennamo，Dagnino，et al.，2020)。随着平台经济的兴起，有关平台赋能的议题开始受到越来越多学者的关注。平台数字化赋能激发商业模式创新，突破产业链和行业界限，通过平台商业模式和数字虚拟技术自上而下地释放权利，使客户、员工、股东等利益相关者形成共生生态圈(忻榕，陈威如，等，2019)。

在资源约束的条件下，平台企业获得竞争优势的关键是将异质性资源整合的内生性和外生性相结合，并有序、动态地构建能力资源集合体以创造更多价值(王琳和陈志军，2020)。

6.1 构建平台生态系统获得竞争优势

在“互联网+”背景下，一方面，企业组织架构和商业模式趋于平台化，企业间的竞争也越来越从价值链竞争转向平台与平台之间的竞争；另一方面，传统产业转型需求促进了对平台型组织内涵、转型路径及战略决策的研究(Zhu and Iansiti，2012；赵宇楠，程震霞，等，2019)。物流平台数字化过程中与互补者和用户的价值共创涉及多个研究领域，平台生态系统构成主体和要素众多，关联和结构复杂，与环境之间又有着各种相互作用，是个“复杂性问题”。

物流平台生态系统(logistics platform ecosystem)可以被视为一个信息和资源充分共享的动态、开放的网络系统，具有物理空间局限，由物流平台、互补者、用户等参与者构成网络结构。在构建物流平台数字化赋能和价值共创概念模型的基础上展开进一步的实证研究，有助于探究物流平台生态系统内数字化赋能平台用户及实现价值共创，是物流平台数字化转型和发展的具体体现与深化。物流平台生态系统不仅是这些个体和组织的特质和行为的加总，而且是个体行为和互动的集合。国内外关于平台生态系统的研究多处于描述性阶段，关注概念、特征、竞争、资源观、动态能力、网络、技术因素等 (Cennamo and Santalo，2019)。平台生态系统是平台经济的基本组织形式，而价值共创是生态系统经济活动的核心，因此平台如何引导用户参与价值共创是平台生态系统发展中一个值得深入探讨的话题。

从整个生态系统的角度进一步探讨数字化技术赋能组织变革的文献尚十分缺乏，对生态系统多主体价值共创过程机制的了解仍然有限(Ketonen-Oksi and Valkokari，2019)。生态系统日益成为平台研究的重要视角，特别是在由主导者、参与者、物流服务需求方、物流服务提供方和平台管理者等利益相关者构成的平台生态系统中，平台管理者和互补者在构建商业生态系统过程中是资源发掘、资源协同和价值共创的一系列资源和价值维度的实现。

物流平台生态系统的构建通过链接资源要素实现高效连接、资源优化配置和降本增效，推动实体经济运营效率。在组织变革和生态发展的基础上，形成可持续商业模式的主要实现路径如下。

(1) 异质性资源整合。资源基础观的主要假设是资源在企业间不可流动且难以模仿，然而在平台化和集群环境下则相互嵌入产生外部异质性资源。物流平台整合企业内部信息系统、供应链各节点企业及部门，以及社会上现存的、零散的供需资源。Gawer 和 Cusumano

指出，物流资源整合能力是物流产业转型升级的关键，特别是第三方物流和模块物流平台的发展。物流整合研究主要集中在转型升级背景下的物流平台，不仅需要考虑组织间的网络资源，还需要考虑企业董事、经理和雇员的个人网络资源。企业优势构建更多基于供给端范式，异质性的资源、能力和网络关系支撑竞争优势；平台组织则是一种需求端范式的逆向竞争优势构建，以用户资源为基础，培育服务用户的能力，再向不同的业务领域实现平台包络(platform envelopment) 发展(Eisenmann，Parker，et al.，2010)。

(2) 网络嵌入性。运输链连续性及物流地域性特征使物流平台的各个环节之间具有密切的内在相关性。物流平台与多个参与者形成的网络结构是整合物流资源的基础，并把各个孤立的要素组成一个系统，系统借鉴生态学和商业生态系统的内涵主张。张建军和赵启兰结合平台商业模式与服务供应链理论提出“互联网+”的供应链平台生态圈商业模式，提供了平台嵌入供应链平台生态圈网络的新思路(张建军和赵启兰，2017)。

(3) 价值共创。信息技术作为平台参与者(如人员、组织和资源)之间的媒介，使他们有效联系和交换价值(Evans and Schmalensee，2016)。价值创造本身就是企业和消费者通过产品这一媒介进行双向互动的过程(Vargo and Lusch，2016)。物流平台在网络环境中共享资源和信息，通过汇聚和整合分散的、专业化的服务资源实现价值共创，为用户提供系统化的、集约的高水平服务(Fu，Wang，et al.，2017)。

构建物流平台生态系统的路径如图 6-1 所示。

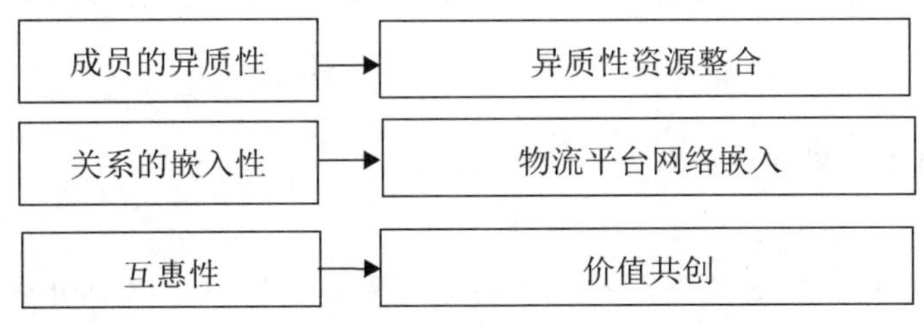

图 6-1　构建物流平台生态系统的路径

平台生态系统生命周期可以分为初创阶段、扩展阶段、成熟阶段和衰落或复苏阶段，每个阶段都可以结合价值共创和网络效应分析演化活动。

(1) 初创阶段。平台生态系统在此阶段的脆弱性来源于外部(市场、技术、社会、制度)环境的多重挑战。由于平台企业所倡导的价值主张不够明晰，生态系统内部参与者个体和组织数量较少，资源较为分散，因此平台企业一方面需要在与利益相关者的互动过程中激发网络效应，调整价值主张，另一方面还需要平台生态系统利用开放性和系统性吸引更多参与者(Gulati，Puranam，et al.，2012)。

(2) 扩张阶段。平台企业所倡导的价值主张逐渐明晰，并且在短期内取得了市场成功，这在很大程度上吸引了众多异质性资源、知识、技术和信息，以保证创新产品(服务)市场的持续扩张。平台企业需要制定一系列有效的生态系统战略，促使异质性资源互补效应的产生，各成员一致愿景的达成(Adner，2017)。

(3) 成熟阶段。平台生态系统价值主张基本稳定时，能够在更大范围的市场取得成功，高动态的成员互动能不断创造具有较强竞争力的创新产品(服务)，使生态系统处于领先地位。在此阶段，系统共创价值、共享价值、价值分配及价值共取已实现良性循环并处于鼎盛水平(Letaifa，2014)。

(4) 衰落或复苏阶段。平台企业所主导的系统价值主张逐渐失去竞争力，进而平台生态系统结构开始瓦解，平台企业与利益相关者共创价值过程受阻，因而进入较低水平阶段，导致价值共享、价值分配及价值共创保持在较低水平。为维持生态系统竞争力，防止过快陷入衰落期，平台企业应保持生态系统的高开放性，并推出新的价值主张或愿景(Rong，Wu，et al.，2015)。

6.2 价值共创理论与价值共创过程的逻辑

6.2.1 价值共创理论

早在 2004 年，两大价值共创理论流派诞生。第一大流派是以 Prahalad 和 Ramaswamy (2004)为代表的价值共创理论，注重顾客体验，强调企业和顾客之间通过有效互动而形成个性化服务体验及过程。他们提出的共同创造概念强调顾客参与服务体验的共创，并非产品的多样性，而是个性化的体验。在此基础上，他们还提出价值共创的 DART 模型，包含对话、获取、风险评估和透明四个要素。第二大流派是以 Vargo 和 Lusch(2004)为代表的服务主导逻辑研究，这一理论认为顾客和企业是价值的共同创造者，他们在生产、设计、交付和消费等环节共同创造价值。由此得出，Prahalad 和 Ramaswamy 强调个性化体验的共同创造过程，而 Vargo 和 Lusch(2004)则更注重服务主导逻辑下顾客参与的核心内容。

价值共创是企业和消费者通过产品这一媒介进行的双向互动过程。Smorodinskaya 等人认为，参与者群体通过合作共创价值(Smorodinskaya and Russell，2017)，涵盖行动者整合资源和在参与者所嵌入的组织内服务交换(Vargo，Maglio，et al.，2008)。平台企业借助数字技术与用户进行良好互动，以充分的用户授权来激励用户参与并在平台企业与用户交互中共创价值，进而为互动产生的服务创新提供方向性指引。此外，也有学者基于生产领域、消费领域和网络环境三个视角对价值共创内涵及价值共创的前因—过程—结果等内在作用机理进行阐述(余义勇和杨忠，2019)。

目前，对价值共创的研究存在多种视角，内涵界定不清晰，且某些理论视角只有在特定的情境下才能体现其内涵，因此有必要对现有研究视角进行梳理，以期能够区分定义与内涵。本书试图从价值共创的生产制造、消费者主导型、网络型和平台生态系统四种情境分析价值共创内涵，如表6-1所示。

表6-1 四种情境下的价值共创内涵

情境类型	生产制造情境	消费者主导型情境	网络型情境	平台生态系统情境
价值共创模式	共同生产	服务主导逻辑	顾客主导逻辑	商业生态系统主导逻辑
需求层次	企业感知需求	顾客感知需求	顾客潜在需求	顾客未知需求
资源层次	对象性资源	操纵性资源、对象性资源共享	操纵性资源、对象性资源整合	操纵性资源和对象性资源互动
价值类型	使用价值	情境价值	体验价值	生态系统价值
价值共创者	企业	顾客	顾客	顾客
互动形式	企业和顾客	企业和顾客	企业和顾客及其他利益相关者	平台企业和用户及其他利益相关者
顾客角色	价值共创参与者	价值共创主导者	价值共创主导者	价值共创共生体
企业角色	价值提供者	价值主张提出者	价值共创辅助者	价值共创共生体

(资料来源：根据相关文献自行整理。)

1. 生产制造情境的价值共创

价值共创早期，顾客参与共同生产(co-production)可看作是新思想的萌芽，其本质是关注顾客的角色，将顾客作为一种生产要素资源，但共同生产并不等同于价值共创。这种情境强调生产制造企业在价值创造中所起的主导作用，因此是价值的创造环节。

从价值创造到价值共创的演进中，生产制造情境下价值共创主体为企业，以对象性资源为主，积极吸引顾客参与价值创造并共创价值。即促进顾客参与价值创造，并作为共同生产者与企业互动并创造价值。因此，此情境下的价值共创等同于价值共同生产，价值来

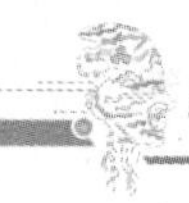

源是顾客的使用价值(Vargo，Maglio，et al.，2008)，而企业需要主动感知顾客需求。该领域的价值创造活动主要集中在价值链上相邻或有接触的企业之间。例如，在新产品开发中，顾客参与能提高信息共享、增加顾客与供应商的协作等，从而实现价值的共同生产。

2. 消费者主导型情境的价值共创：服务主导逻辑

消费者行为理论和生产理论指出，当消费者多样化或个性化需求无法被满足时，就会对企业提供的产品或服务投入时间、知识和能力等“消费资本”，当企业结合产品或服务创新来满足消费者的需求时，从而产生价值(Wheelwright and Clark，1992)。该情境以服务主导逻辑为根本，企业与顾客的互动是以服务好顾客为主，企业接触顾客并满足可感知的顾客需求，帮助消费者完成“生产过程”。服务主导逻辑下的价值共创以顾客操纵性资源(知识、技能和经验等) 为主，通过企业对象性资源传导共创价值的过程(Vargo and Lusch，2016)。

消费者主导型情境的价值共创为顾客和企业间互动提供了途径，其价值共创研究主要集中在顾客与企业、顾客与顾客之间互动的共创价值。顾客专用性知识和技能成为企业竞争优势的关键来源，顾客与企业联合并共同整合资源以创造价值(Vargo and Lusch，2016)。由于服务情境不尽相同，企业与顾客共创的价值是顾客在消费过程中实现的使用价值与情境价值(Vargo，Maglio，et al.，2008)。因此，企业与顾客的关系发生了显著的变化，顾客也成为了企业的资源，可以对企业营销过程、消费过程和交付过程作出贡献；企业也不再仅是产品或服务提供商，而是与顾客在价值创造过程中拥有自身专业知识和技能的价值共创者。

3. 网络型情境的价值共创：顾客主导逻辑

企业在合作网络中与合作伙伴通过数据和认知系统创造价值的研究，有利于业界思考企业的角色并不是单一的，而是多元化的(Alamäki，Rantala，et al.，2018)。在网络经济的背景下，企业感知顾客的途径更加虚拟化，与顾客的交易环境也逐步线上化，因此产生了许多基于社交平台和虚拟网络的研究。

从网络环境来看，价值创造主体变得更为复杂，虚拟网络社区为互动提供了更开放自由的空间，线上化提供了更大范围的交互机会(Prahalad and Ramaswamy，2004)。供应商、合作伙伴、顾客等不同主体都可以参与网络沟通，通过平台或社区分享经验、表达思想(如经验、信息、知识和社会技能等)，自由分享个人体验，实现生产领域与消费领域相统一的价值共创模式。制造企业基于顾客导向的产品服务系统，在跨界商业生态系统中形成社会化价值共创，提出价值主张，并通过服务持续获取价值(简兆权和曾经莲，2018)。以虚拟品牌社区为例，价值共创由单一价值链间互动向价值网转变。企业与顾客发现并创造价值，顾客通过参与虚拟社区或社群为企业产品研发、生产或营销献计献策，企业得到顾客的信息后能提供更好地满足顾客个性化需求的产品和服务，提升体验价值。

4. 平台生态系统情境下的价值共创

商业生态系统的主导逻辑仍然是价值链逻辑。龚丽敏和江诗松指出，平台基于中介技术的价值网络，其价值创造方式不同于传统价值创造的三角形交易逻辑(龚丽敏和江诗松，2016)。张大鹏和孙新波提出，平台型商业生态系统是以平台为媒介，以供应商、互补商和生产企业等为主体，能够为终端提供新的、有价值的服务和产品，并以此获得竞争力的商业生态系统(张大鹏和孙新波，2018)。

武文珍和陈启杰(2012)提出，物流平台的价值创造是平台方与需求者、提供者和其他相关利益方的共同价值创造；武柏宇和彭本红(2018)探讨了服务主导逻辑和网络嵌入通过动态能力中介变量对网络平台价值共创的影响机理。肖怀云探讨了服务主导逻辑下物流企业服务创新的价值创造过程，提出物流企业内部治理是价值创造的重要前提，资本承诺是价值活动的基础，组织整合是共创价值的关键(肖怀云，2013)。Fu 等人阐述了三种创新模式(产品创新、过程创新和商业模式创新)与价值共创及网络效应关系，并指出在平台演化的过程中，网络效应可通过平台服务创新与价值共创活动激发。

物流服务对平台用户价值主要体现在时间价值、空间价值和附加价值。田宇和杨艳玲探索了互动导向对 242 家物流服务企业新服务开发和服务创新绩效的正向影响，明确了互动导向对服务创新绩效的作用路径与影响边界(田宇和杨艳玲，2016)。服务创新的最终结果不仅是盈利，而是通过资源整合指导企业把有限的资源投入到自身最关切、最可能产生效益的环节，最终实现整个平台生态圈的价值共创。中小微物流企业通过服务创新可开拓更多仓储型、配送型、融通仓、物流数据等多元化增值服务。

6.2.2 价值共创过程逻辑

学者们将价值共创过程描述为基于“主张价值—创造价值—传递价值—获取价值”的过程逻辑，反映价值共创单元向稳定共生、平等共生、动态共生的演变历程(Normann and Ramirez，1993；Akaka and Vargo，2013)。

在松散耦合系统中，学者们将价值共创描述为价值创新、整合互补资源的过程；也有学者认为，制度和互动是价值共创的核心，通过交换和资源整合实现价值共创(Vargo and Lusch，2016；简兆权和曾经莲，2018)。价值共创过程逻辑为理解平台型企业对各价值主体资源互动、利益联结等作出快速反应提供了启发性的参考。

Prahalad 和 Ramaswamy 较早提出了价值共创 DART 模型，主要包括对话(dialogue)、接入(access)、风险评估(risk assessment)和透明(transparency)四个方面(prahalad and ramaswamy，2004)。对话是指双方的互动、接触和行动倾向，包括倾听客户意见，还包括平等的问题解决者之间共享学习和交流，创造并维持一个忠诚的社区。接入包括工具(渠道)和信息共享。风险评估是指各利益相关者受到伤害的概率。透明是指各参与方不能利用信息不对称进行机会主义活动。

刘芳等人(2020)通过对鲜易冷链马甲平台的案例研究，结合价值创造理论，提出了一个包含驱动因素—投入—价值共创渠道(互动)—产出的价值创造过程概念模型，并对该模型中驱动因素的影响和价值创造过程的各阶段进行了深入分析，阐释了货运共享中的用户与平台之间的价值创造机理。研究发现，用户和平台在进入、使用、连接、运输和支付结算五个不同阶段遵循不同的价值创造逻辑。

现有研究大部分采用定性分析方法探讨价值共创的作用机理和实现路径，关注价值共创理论模型的探索性开发与构建，而往往忽视了对价值共创模式本身的考察(杜华勇，滕颖，等，2020)。杜华勇等人(2020)基于模糊集定性比较分析法，研究了电商交易平台价值共创的影响因素及其构成的组态。研究发现，电商交易平台的价值共创过程中存在非对称因果关系，其中平台对话和用户参与是推动价值共创的关键。同时，电商交易平台中存在两种促进价值共创的组态(平台联动型、社群引导型)和一种抑制价值共创的组态(设计贫乏型)。

平台企业通过搭建模块化架构、激发网络效应、实施系统锁定等策略，有效发挥了价值共创的战略弹性，从而构建竞争优势(罗珉和杜华勇，2018)。经典的价值共创 DART 模型在物流平台情境中仍然适用。首先，物流平台创建车货匹配平台(以满帮集团为例)，提供了平台用户(个体司机或车队与货主)平等、友好、顺畅的对话空间(Alstyne，2016)，符合 DART 模型中对话(dialogue)的内涵。其次，物流平台开放平台系统给客户，并为其提供 API 接口、SDK 开发工具支持和增值服务，并允许客户访问产品、工具和信息(如上海唯智物流链云平台)，符合 DART 模型中获取(access)的含义。再次，物流平台通过供应商资质和入驻条件，审核信用和交易评价等环节，冷链马甲物流平台和客户共同参与平台治理相关规则，调节争议问题，管控风险，从而有效避免平台交易可能存在的风险(罗珉和杜华勇，2018)，完全符合 DART 模型中风险评估(risk assessment)的内在含义。最后，借助强大的数据平台和调度算法，物流平台用户(如货主)可以快速搜索、比较、筛选个体司机或第三方物流公司的信息，大大降低了供需双方用户交易的信息不对称程度，与 DART 模型中透明(transparency)的含义相符合。因此，DART 模型是物流平台价值共创的重要因素，其在物流平台设计中体现为价值共创的基本前提。

6.3 物流平台生态系统价值共创

价值共创的关键在于积极的平台对话和用户参与(杜华勇，滕颖，等，2020)。当动态能力作为中介变量时，网络嵌入性影响参与者的动态能力进而影响价值共创(武柏宇和彭本红，2018)。在价值共创管理系统架构方面，Corsaro(2019)基于对不同行业客户和供应商公司经理的 86 次访谈，构建了一个包含四个相互关联价值过程(价值沟通、价值分配、价值度量和价值表述)的模型。该模型指出价值共创管理需要考虑与其他价值过程的复杂相互联系模式，揭示了价值分配对价值共创中的中心作用，以及价值表述在协调各种想法和发现未来价值共创机会中的重要性。

在此基础上，马永开等人(2020)基于 50 多家企业工业互联网项目经理对价值过程和价值共创活动的认知与理解，将价值过程划分为价值共创(价值形成与增值)、价值度量(测度与评价)、价值分配(交换分配与消费)和价值沟通(价值表述与沟通)四个主要价值活动(环节)，如图 6-2 所示。

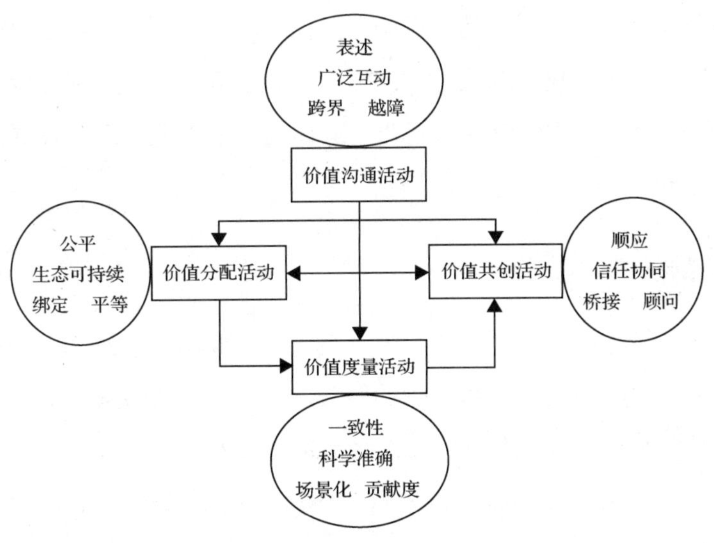

图 6-2 价值过程的四个价值活动及其关系(马永开，李仕明，等，2020)

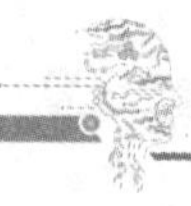

1. 价值共创活动的基本价值行动

物流平台能够快速响应用户需求，每一个需求都是“客户价值”的追求。通过和客户一起解决客户面临的问题，实现价值共创。例如，“返空汇”作为一家公路货运物流平台，创办之初，其价值主张是降低货车“返空率”。通过和车主的深入交互，“返空汇”发现车主真正的痛点是“平均每辆货车运 1 天货要闲置 1.9 天”，随即修正了价值主张，并重构了商业模式和运营模式。

以车货匹配为例，物流平台展现大量货主的发货需求和承运方(车主货或车队)提供的服务，但由于货主对承运人存在信任壁垒，物流平台必须想办法消除货主和承运人的信息沟通障碍，与货主一起在平台的互补者服务和核心服务集合中寻求关系构建，并寻找价值共创机会，而货主则需要了解物流平台及互补者企业的专业知识，逐步建立信任关系。

2. 价值沟通活动的基本价值行动

物流平台基于大数据精准了解用户需求，为用户提供基于不同类型物流平台的精准服务。比如，我们在采访物流汇平台时得知，它当时为中小微物流企业提供全生命周期服务，从公司注册到营销、车辆保险保理业务，不仅满足了中小微物流企业的个性化需求，而且根据大数据的感知、分析和行动环节为其提供融资服务。物流汇平台与银行合作，根据中小微物流企业的运营效率和水平发放小额贷款，并在实施环节构建平台生态系统。如同工业互联网平台，当工业互联网网络流量达到一定规模时，平台服务(PaaS)商就会有足够多的数据精准了解客户需求，吸引更多基础设施服务(IaaS)商、软件开发服务(SaaS)商和其他服务提供商参与，为客户提供更精细化的顾问服务；而更精细化的顾问服务又会吸引更多客户加入工业互联网平台，形成价值共创联合生态体。这是工业互联网发展的高级形态(马永开，李仕明，等，2020)。

3. 价值分配活动的基本价值行动

为了防止搭便车行为和机会主义，物流平台管理者认为合作应基于互惠互利、长期共存的原则。如果货主使用了物流平台提供的服务，但是在后期交易中却绕开物流平台直接与承运商对接，那么可能会形成物流平台和承运商的紧张关系，从而影响合作的可持续性。但是，这种情况的存在也说明物流平台为双方桥接提供了条件，培养了彼此之间的信任。

物流平台的锁定效应指的是，当平台用户从一个平台转移到另一个平台的成本较高时，用户就会继续留在这个平台。那么，在什么情况下物流平台与用户或者互补者能够绑定呢？我们认为，基于平台生态系统总体价值的共同绑定，当平台用户能够持续地从平台获取价值，平台与互补者能够共同创造价值时，平台生态系统总价值的绑定就会有利于将单个物流平台的业绩与参与共同创造过程的其他参与者的业绩联系起来。

物流行业在物流基础设施建设方面投资巨大，如建设物流快递网点或者物流园区，因此物流行业通常以重资产为主，龙头企业往往是由雄厚资本支撑的(如腾讯系或者阿里系入股的物流企业)。我们在调研上海讯轻信息科技有限公司时发现，其开发的“懂调度”城配智能调度云服务平台，以“人工智能+核心算法+大数据”的智能系统优化配送及时率、异常处理及时率、车辆装载率和排线时间 4 个指标。通过 4 个数据的优化，高效赋能企业，降低成本，提升客户满意度，给业务创造新的增收点，通过基本价值行动实现价值功能，达到价值分配活动可持续发展。

4. 价值度量活动的基本价值行动

物流平台生态系统各参与方从交易关系开始时就明确了各自的诉求和目标，价值度量可用关键绩效指标(KPI)来衡量。例如，上海讯轻信息科技有限公司(以下简称“上海讯轻”)在面对医药客户时的处理方式。医药客户的收货时间窗约束非常严格，这意味着医药流通企业必须在规定的窗口时间，将货物准时送达客户指定的收货点。在实际配送时，若同一个片区内有大量时间窗相近的客户，就会导致车次增多，运输成本攀升。如果错过了客户指定的窗口时间，那么司机就只能听从指挥，在指定区域停车熄火，等待道口空闲后才能交接。这样一来，不仅会给客户留下“不守时”的印象，甚至还会影响配送及时率的考核，造成“考核不达标、记入不良记录”等严重后果。针对这一痛点，“懂调度”智能调度系统根据过往订单中的客户采购数量、线路等数据，建立起一个涵盖客户地址、采购习惯的数据库，并基于大数据对车辆安排、行驶线路进行整体分析，在保证车辆合理装载率最大化的前提下，重新计算同一个片区内各个站点的配送顺序及时间，从而得出客户的第二收货时间窗，为和客户协商提供了有效依据。

价值度量活动往往包括价值共创网络的整体业务指标，物流平台对业务指标贡献度越高，在网络价值度量中应获得的价值度量越高。在不同的物流业态中，物流平台价值共创度量标准随之调整。比如，在冷链物流平台中，生鲜冷链物流平台鲜生活的“运荔枝”平台实现了订单生命全周期数字化闭环管理，在线下单、自动调度、全程追踪、电子签收、系统对账、在线支付、实时报表等功能，能为客户提供便捷、可视的 24 小时全流程在线管

控体验。而冷链物流节点对时效和温控有苛刻的指标要求，因此为了整个价值共创网络优化，应考虑不同类型物流平台的业务指标体系，适用于特定的决策场景，从而满足不同类型客户的个性化需求。

5. 价值沟通活动的基本价值行动

物流平台的行业定位和服务对象应清晰而具有前瞻性，在数字化背景下与生态系统主体达成价值表述，建立价值共识。由于价值主张会随着各参与方交互深入程度而发生变化，因此价值表述也应该随之演进。

物流平台跨界到其他行业并与平台生态系统主体互动，发现新的价值创造机会与空间。随着物流平台生态系统的构建，其跨界用户的增多能带来更多崭新的商业机会和可能性，这与结构洞的思路如出一辙。当更多异质性用户带来异质性资源时，在不同异质性场景下与生态系统主体互动，实现平台生态系统价值共创。

6.4 公路货运平台案例分析：满帮集团

6.4.1 案例背景

1. 公路货运市场特征

截至 2020 年，我国公路总里程达 519.8 万公里，其中高速公路里程为 16.1 万公里，构成了世界上较为完善的公路网之一。近 20 年以来，公路货运量占总运量比重的 75%左右，成为我国最主要的货运方式。

基于货物重量的公路货运分类如图 6-3 所示。

根据货物重量划分，公路货运可分为整车、零担、快递三类。

(1) 整车或 FTL。一般托运的货物重量超过 3t，托运人使用整车装运方式，通过干线运输直接将货物从出发地运输到目的地。

(2) 零担或 LTL。一般托运的货物重量在 30kg 至 3t 之间，托运人所托运的货物不足以装满一整车，可通过多个托运人拼车的方式将货物凑满一整车进行运输。其中：小票零担货物重量在 30kg 至 500kg 之间；大票零担货物重量在 500kg 至 3t 之间。近年来，零担市场的增速超过整车市场。

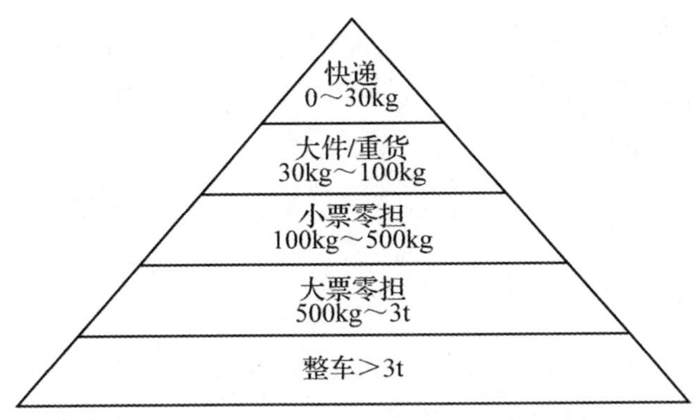

图 6-3　基于货物重量的公路货运分类

(3) 快递。货物重量一般在 30kg 以内。

根据中国物流与采购联合会(CFLP)2019—2020 年度对制造、商贸、物流企业的物流业务需求调查显示，第三方物流和供应链服务发展尚不成熟。第三方物流的运力和社会临时运力补充是解决长途干线运输跨地区运输量不匹配的重要方案。运输服务供给缺口和信息不对称促使企业寻求转型。

2. 中国整车物流市场存在的问题

1) 供需两端分散度高

运力供给方(承运人)：根据满帮集团招股书中引用 CIC 报告数据可知，2020 年我国约有 810 万家货运公司，平均每家拥有 4 辆卡车。此外，我国约 80%的承运人是只有一辆卡车的个体司机。

运力需求方(托运人端)：由大量中小企业构成。根据中华人民共和国工业与信息化部的数据可知，2019 年我国有 3000 万家中小企业，行业高度分散。

2) 运力需求方(货主)：找车成本过高

过去，许多没有自营物流的货主一般通过两种方法解决运输难题：一是通过运输公司、货运代理、黄牛等中介寻找货车，这个过程会经过多层中间商，相关经纪人或第三方公司会在供需双方间收取一定的费用，增加了物流成本；二是成立物流事业部，由雇员联系物流公司或是去配载站寻找货车。这两种方法获得的车辆价格普遍较高，尤其是在需求旺季

(11 月或 12 月)的成本更高，而且遇到紧急情况时也无法及时找到合适的运输车辆。

面临难以匹配到合适的司机、高成本和不透明定价、服务质量低等痛点。托运人要想寻找到可靠的卡车司机通常需要数天时间，缺乏有效的信息触达方式，所以许多托运人需要通过委托经纪人或第三方物流公司间接寻找司机以开展货物运输。另外，由于个体司机多，货主难以有效跟踪交货进度和确认卡车司机实际发生的费用，再加上如果没有适当的保险加持，可能还会导致货物价值受损，最终使货主与实际承运人之间发生纠纷。

3) 运力供给方(承运人)：找货成本高

实际承运人因规模较小，供需信息不对称，导致为争夺货物运输而开展价格竞争的局面。在效率方面，因卡车司机以零散运输订单为主，且个人线路规划能力有限，在信息不对称的影响下导致卡车利用率较低，空车返程的概率大幅增加。由于存在信息不对称，使公路货运市场一度出现“车多货少”效率低下的情况，承运人平均配货等待时间高达 2～3 天，使等待成本(包括餐饮住宿和人力成本)，进而增加额外运输成本，导致承运人利润更加微薄，甚至不赚钱也要拉回头货。承运司机除了增加的额外支出，还需要前往配送站找货，也增加机会成本。

4) 行业整体信任度水平偏低：发票市场体系较为混乱

货物运输交易在没有记录证明或纠纷解决协议的情况下进行，会引起卡车司机与托运人之间发生纠纷，双方利益都难以得到有效的保护，最终影响行业整体信任关系。

目前，个体司机承担了我国 80%的公路货运业务，但个体司机难以提供增值税专用运输发票，因此许多第三方物流企业向司机索取过路、过桥、油票等作为抵扣，反映了我国公路运输市场的发票体系不规范的现状。

5) 信息孤岛问题仍然存在

大量运力资源信息、车辆调度信息、商品车在途信息、商品车交车信息等无法在货主、承运公司和承运司机之间交互共享，这种信息资源的不及时发布和传输造成运输效率低下，制约了运输服务质量的提高。大量数据无法及时发掘和使用导致无法为货主及承运人提供物流预测、数据分析等增值物流服务。

除此之外，公路货运行业还面临很多其他常见问题，如货量不充足或不稳定、货物及承运车辆信息不透明、多式联运承运方之间沟通不畅等。专业物流平台的建立能实现在线交易和电子商务系统的数据接口对接，从而实现多种功能。譬如，在物流网站或手机 App

下单，及时发布物流公共信息、物流供求信息，提供专业信息搜索，撮合会员交易等。

6.4.2 案例描述和分析

2018 年 4 月 24 日，由江苏运满满、贵阳货车帮两家公司合并组成的满帮集团宣布完成合并后的第一轮融资，融资金额为 19 亿美元，成为我国最大的公路货运物流平台。2021 年，满帮集团在美国上市，其发展历程如图 6-4 所示。满帮集团旨在通过大数据与人工智能技术降低货车司机的空驶率、提高货运效率，并试图打造一个连接人、车、货三个维度的超级数据平台，为用户提供精准便捷的信息平台服务。通过减少空驶问题，满帮集团 2017 年共节省了 860 亿元人民币的燃油损耗成本，共减少了 4 600 万吨碳排放。

满帮集团已发展成为我国最大的货车车后服务平台，涵盖柴油、ETC、新车、金融、保险、园区等服务领域，为货车司机提供除驾驶之外的一站式增值服务。2018 年，满帮集团成功上线在线运费交易平台，实现单月交易数亿元人民币，为货主和司机间的交易提供了保障。

公司核心业务分为货运匹配服务业务(货运经纪、货运订单发布、交易服务)和增值服务两类，2020 年年收入 25.8 亿元，其中货运匹配服务业务收入 19.5 亿元，占比 75%。满帮集团于 2018 年 1 月推出货运经纪服务业务，从货运订单发布业务发展为提供端到端的货运匹配业务，为货主提供更高水平的服务质量。满帮集团作为货运经纪人，在平台上与托运人签订运输服务和平台服务合同，并与司机签订购买运输服务合同。满帮集团与托运人签订运输合同后能够为其开具增值税发票，减轻托运人的税收压力，解决大部分托运人缺少进项税票抵扣这一重要问题。

此外，托运人可以通过满帮平台实时跟踪每一步交易并在线支付运费。最后，满帮集团通过购买财产险对每批运输的货物提供特定金额的损坏责任，大幅提升了自身的服务能力。

基于货运订单发布业务和货运经济业务的发展，满帮集团推出在线撮合交易服务业务，进一步提升货运数字能力。司机需要向平台支付运费押金以锁定订单，从而提升平台的服务质量与履约比率。此外，满帮集团还能够为托运人提供运输追踪服务。

公司提供增值服务业务以提升客户黏性与活跃度。托运人可以在满帮平台上访问运输管理系统、信用解决方案和保险服务；卡车司机可以在满帮平台查看路线状况与交通罚单记录，获得信用解决方案、保险服务、电子收费或 ETC 和能源服务等。

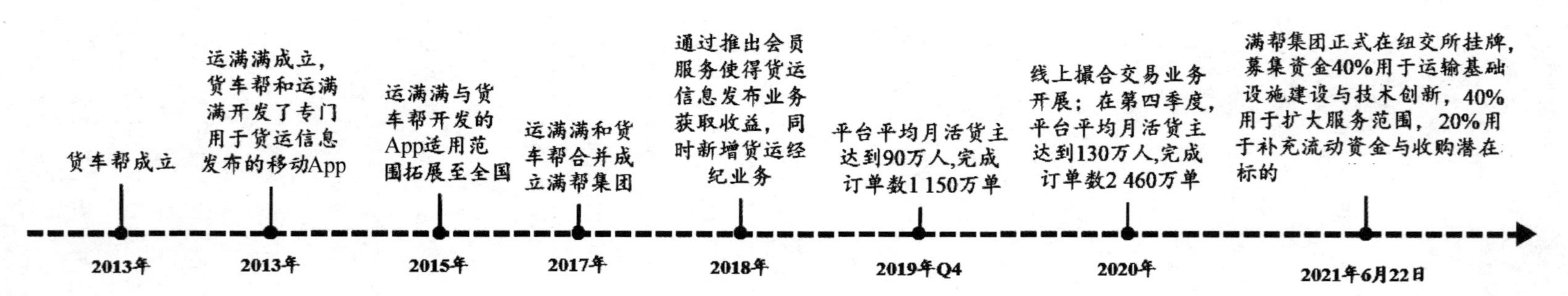

图 6-4　满帮集团发展历程

(资料来源：满帮集团招股说明书。)

满帮集团的运营模式主要体现在三个方面：平台引流策略、信任整合机制和服务整合机制。

1. 平台引流策略

满帮集团属于典型的O2O物流平台，具有双边市场形态，物流服务需求方和物流服务提供方构成了平台两边。平台两边的用户大多数都会使用其他O2O物流平台查找车源、货源，如罗计物流、运满满、江西万佶、天骄、一点通等。

在初创期，为了快速将双边用户吸纳到平台上来，平台对双边用户采取免费注册的策略，并不定时的补贴双边用户，使双边注册用户数量不断增加。数月后，由于资金链等原因，满帮集团开始向司机收取 120 元/年的注册费，这种做法显然是不合理的，虽然会缓解资金压力，使平台短期内盈利，但是以缩减平台的用户量为代价的，不利于平台的推广和扩张。这段时间内，双边用户大量涌向其他免费平台，运满满趁此机会，利用强大的地推团队和营销手段，为平台吸引了众多用户。而满帮集团在吸取教训后，为了吸纳用户，从2016年8月开始，再次实行免收注册费模式，同时开展整车专线相关的延伸服务。

在成长期，为了增加用户黏性，应对平台双边用户采取免注册费，增加与物流专线相关的延伸服务，而这一过渡期需要经历3～5年。等到满帮集团平台到达成熟期后，平台应少向用户双方收取服务费以实现利益最大化。

2. 信任整合机制

在用户过滤方面，满帮集团—司机端用户在未注册时，可查看相关车源/货源信息，但无法查看详细信息，也无法查看增值服务等详细信息。用户在通过手机号码、手机验证码的方式注册登录后，可浏览详细的货源/车源信息及相关增值服务信息等，若要与物流服务需求方/提供方取得联系，必须进行实名认证，方可查看对方详细信息并进行洽谈，车主还可在平台上对货主进行验证。

满帮集团—货主端用户在未注册、未登录及未认证时，无法查看任何信息，只有在认证后才可查看相关信息，货主可在该平台上验证司机并对失信司机名单进行查看。 在信息过滤方面，满帮集团首先会根据PC端/手机端App的定位，自动匹配该地点的相关信息并根据信息发布时间的先后顺序进行排序显示，还可实现定制搜索。除平台通过机器算法、人工复查过滤信息外，用户可通过对方注册年限及交易次数自行判断信息的真实性、有效性。

3. 服务整合机制

满帮集团提供智能手机 App 终端服务，货车司机可以通过手机 App 进行注册，审核通过后就可以在平台的货源清单上寻找最合适的货源，并根据自己的运输计划筛选合适的运输路线方案，平台会在相应的时间为货车司机提供信息提醒服务。需要注意的是，货主端需要先由满帮集团工作人员上门验证货源信息无误后才能下载安装 App。满帮集团在国内大约有 500 家运营网点，涵盖了所有二线城市，同时还为这些门店安排了足够的地勤人员，目的是让各门店为司机提供除了驾驶之外的其他增值服务。

满帮集团分别在武汉和贵阳设立了物流园区，提供货车的后勤保障服务及利用它覆盖全国的大数据信息网络，更好地整合全国物流园区里分散的优质资源。

满帮集团的手机 App 上还有网上商城，可以借此接入公路物流的供应链，并由此进入无比庞大的汽车后服务市场，这样做的核心目的是给货车司机更多更好的服务。跟打车软件所提供的服务不同，这种货运物流 App 的标准化服务包括地理位置、货物的属性等较多其他方面，因此信用问题才是最多的考虑方向。如果货车司机接到通知赶往企业，而企业却因其自身信用问题毁约，导致货车司机空车而返，结果既浪费了货车司机的宝贵时间，又增加了货车燃油成本，这样一来会直接影响货车司机对平台的满意度。正是因为这个原因，满帮集团的运营模式才要在验证货主的货源信息真假后才由满帮集团的工作人员上门安装货主端 App。

由此看来，满帮集团需要解决信用问题和违约赔付问题。在产品服务方面，满帮集团共推出 4 款产品：线上产品、车后服务产品、线下产品和大数据产品，具体内容如表 6-2 所示。

表 6-2　满帮集团的产品服务内容

<table>
<tr><th>产　品</th><th colspan="2">具体内容</th></tr>
<tr><td rowspan="2">线上产品</td><td>满帮集团—货主端</td><td>找货找车、发布货源、在线车库、货运保险、货车定位、增值服务等</td></tr>
<tr><td>满帮集团—司机端</td><td>查找货源、订阅货源、司机专属保险、增值服务、网上商城(新车团购、话费充值、车载 GPS)等</td></tr>
<tr><td>车后服务产品</td><td>货车 ETC</td><td>目前，货车 ETC 累计发卡量快速超过 100 万张，日充值额超过 7 000 万元，满帮集团成为中国货车 ETC 最大发卡及充值渠道</td></tr>
</table>

续表

产　品	具体内容	
线下产品	满帮集团智慧物流示范园区	客服及大数据分析处理办公区、信息交易大厅、货车及时配载区、货车综合后服务区(轮胎更换、汽配服务、补充机油、停车场、汽修、加油、高速救援等)、货车司机综合生活服务区等
大数据产品	全国公路物流指数	满帮集团联合阿里云大数据团队共同打造，全面反映了我国领土范围内公路物流货物运输流向、货物分布情况、车辆分布情况

(资料来源：根据公司网站和文档资料整理。)

在满帮的平台技术管理上，企业还应该在客户端增加信任审核机制和实名登记制度，以减少货车司机的燃油成本，提高用户满意度，增加客户黏性，从而提高企业的利润。

6.4.3 案例讨论

从物流平台生态系统的视角来看，满帮是整个生态系统的领导者，提供精准便捷的信息平台业务。其关键种群是指进驻平台的货车司机主体，包括从司机、干线车队到平台合伙人的各个平台用户主体。支撑种群则是进行交易所依附的各个组织，如与柴油、ETC、新车、金融、保险、园区等领域合作或依附的金融机构、燃油公司和物流园区等。

1. 满帮集团最核心的车货匹配业务的阶段

满帮集团最核心的车货匹配业务可分为1.0、2.0、3.0和4.0四个阶段。

(1) 1.0阶段是传统意义上未实现闭环交易，仅线上发布信息线下联系的模式。

(2) 2.0模式讲究平台的能动性，能监测到订单从发出到达成、运输各个阶段及线上完成交易的完整链条。

(3) 3.0阶段是自营车队。自营车队目前已经开始招募司机，共包含三种：没有车只是人加入的全职司机；连车带人一起加入的合伙人；出一部分买车钱，给平台当司机，一定年限后返现或提车。

(4) 4.0阶段是数字运输平台生态系统。通过数字化、标准化和智能化平台高效连接托运人和卡车司机。满帮集团建立了全国性的基础设施和行业标准，以促进整个物流行业的透明度、信任度和效率。从单一的订单信息发布业务发展为一个运输服务平台生态系统，通过技术驱动提供高质量的交易服务及增值服务。起初以收取会员信息费、网络建设费、交易手续费作为主要盈利来源，后来运用数字技术整合各方资源、服务提供商、内容服务商，为司机和车队用户提供货源、加油、ETC、轮胎、保险、维修、金融、生活、娱乐多方面服务。其盈利模式主要通过提供保险、金融附加值服务。

2. 满帮集团核心竞争优势分析

(1) 公司具有高效的货运匹配能力。托运人可以即时在手机端发布发货订单，无须通过中介或前往物流园区，获得司机报价的时间从几天缩短至几分钟。满帮平台会根据司机的个人资料与历史记录为托运人匹配合适的司机。承运方司机也同样可以在几分钟内找到货物，无须前往物流园区等待数天，节省了司机往返物流园区的时间与成本。

(2) 公司缩减供应链条，提升运输双方的盈利能力。托运人可以享受更低的运输成本和更透明的定价，因为他们可以直接与司机联系，减少多层中间商加价及在物流园区的租赁费用。一般而言，一项货运交易可能会涉及多个中间商，向中间商支付的费用通常占托运人支付运费的10%～15%。由于承运人司机端寻找货物的时间和成本降低，因此可以获得更高的收入并提升自身运输效率。根据调查，63%的司机发现使用满帮数字货运平台后月订单收入有所增加，且平台可以规划时间与路线，从而提升运输效率。由于满帮制定了交易标准，提升了司机收取运费的确定性，缩短了应收账期。

(3) 公司平台技术不断升级，为市场提供智能化操作方案。公司托运人与司机能够以更智能、更高效的方式运营。托运人使用软件服务，获得运输管理系统的支持及数据驱动算法。卡车司机通过软件可以匹配合适的货物、优化路线、降低运输成本。

(4) 公司保证全流程服务质量，提升行业信任度。满帮平台存储着托运人与司机的互动与交易记录，落实了问责制并为解决争议提供了证据支持。满帮平台可以充当托管代理方，在交易开始时暂存托运方的运费押金，直到订单确认完成后才将运费支付给司机，提升了运输双方的信任度，并提供全天客户服务。

(5) 增值服务构建全生态链服务体系，增强客户黏性。公司为托运人与司机提供信贷、保险、能源等全面的增值服务，以满足他们多样化的需求并解决行业痛点。公司的增值服务目前只与拥有优质信用记录的客户合作，以确保服务质量。

满帮集团逐步增强自身对客户的服务黏性，通过高效率为其匹配低成本的运力，不断吸引新客户使用平台下单开展运输，而托运人不断增加又会吸引平台司机不断增多，进而逐步丰富公司运力池；公司可调配运力资源扩大，又会进一步增强托运方运力供应与匹配服务能力，正向循环效应越发显著，最终实现越来越高的市场占有率，规模效应越发明显。

满帮集团以车货匹配为核心，以交易、金融、车后、智能驾驶、国际业务为拓展方向，从公路运输服务扩展到综合性物流服务的平台生态系统，如图 6-5 所示。

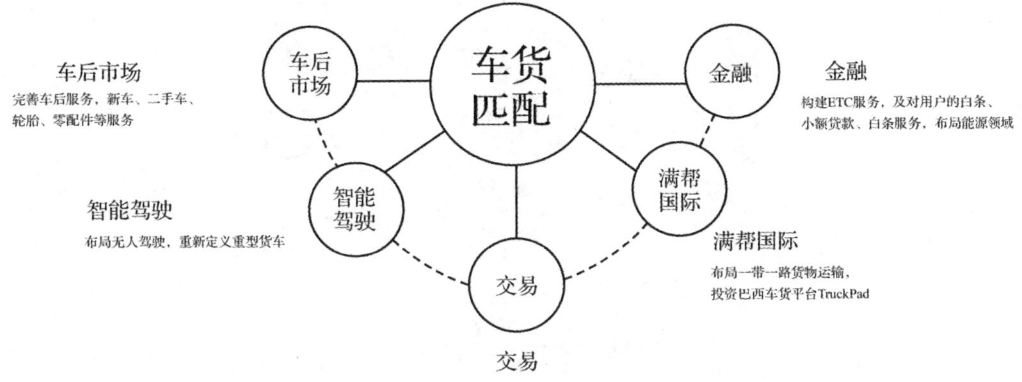

图 6-5　满帮物流平台生态系统

6.5　网络货运平台案例分析：以中储智运为例

6.5.1　案例描述与分析

2014 年 7 月，中储发展股份有限公司成立了中储南京智慧物流科技有限公司，该公司是一家专注于提供数字物流基础设施及服务、智能供应链解决方案的科技企业。它通过物流运力交易平台实现物流需求方、供给方之间的智能精准匹配与线上物流交易，并通过其网络货运平台实现物流全程的高效运作与管理。

中储南京智慧物流科技有限公司推出了直营物流电商平台“中储智慧运输物流电子商务平台”(以下简称“中储智运”)。作为国家第一批“无车承运人”试点企业之一，中储智运不仅仅是停留在无车承运人模式的应用上，而是创新性地将无车承运人模式与运力竞价机制相结合。

中储智运的数字供应链生态圈如图 6-6 所示，里程碑事件如表 6-3 所示。

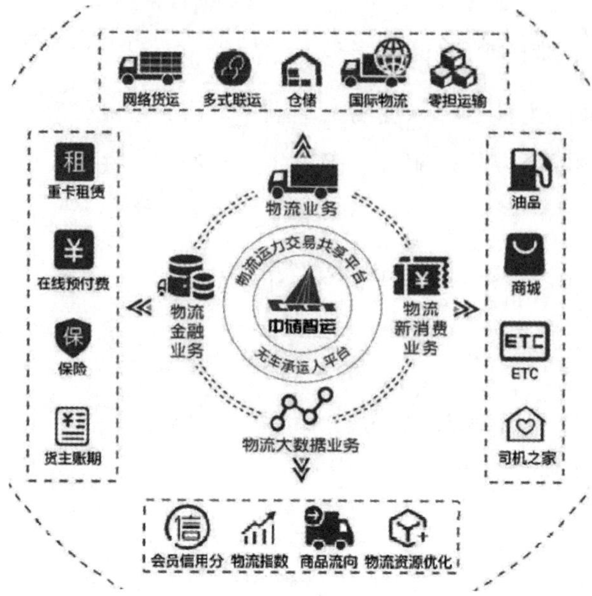

图 6-6　中储智运数字供应链生态圈

(资料来源：中储智运官方网站，https://www.2c2y56.com。)

表 6-3　中储智运里程碑事件

年　份	里程碑事件
2014	7 月，中储南京智慧物流科技有限公司于南京成立
2015	4 月，中储智运平台正式上线； 6 月，首单交易成功； 12 月，被评为南京市物流标准化试点项目
2016	4 月，累计运费销售额突破 1 亿元； 11 月，被评为信用 AAA 级企业； 12 月，累计销售额突破 21 亿元
2017	1 月，入选交通部道路货运无车承运人试点企业； 3 月，单月运输收入突破 5 亿元； 8 月，被授予国家 4A 级物流企业； 10 月，平台运力总数突破 50 万元
2018	1 月，完成 A 轮战略融资； 5 月，中国国有企业结构调整基金数亿元，B 轮融资，单月营业额突破 10.3 亿元； 12 月，年度运输收入突破 114 亿元
2019	1 月，单月运输订单量突破 22 万单； 11 月，单月运输收入突破 16 亿元； 12 月，全年运输收入突破 170 亿元

续表

年 份	里程碑事件
2020	10 月，单月运输订单量突破 57 万单； 11 月，平台运力总数突破 200 万元； 12 月，单月运输收入突破 22 亿元，年度运输收入突破 228 亿元

中储智运平台自 2015 年上线以来，开展无车承运人业务，后转型为网络货运平台。该平台由“物流运力交易共享平台”“网络货运平台”双核心平台构成，实现了“商流”和“物流”的有机统一，通过规模化、组织化的数字物流运作，将返程时间、返程线路最契合的车和货进行配对交易，降低货主物流综合成本，提升货车使用效率，形成合理循环运输，提升行业物流专业化、信息化水平，构筑行业信用体系。

(1) 物流运力交易共享平台。物流运力交易共享平台实质上是一个“商流”平台，帮助物流需求方、供给方及其他企业进行物流运力服务的交易。通过智能配对技术，平台将货源以“一对多”的形式精准推荐给最合适的承运人，充分利用承运人的返程运力资源，提升车辆运行效率，减少承运人配载找货、等货的时间及成本。

(2) 网络货运平台。网络货运平台是在物流运力交易共享平台开展的基础上打造的“数字化物流管理”平台，通过智运罗盘、智运千里眼等一系列核心技术，对物流业务进行“五流合一”的高效运作与管理，确保货物安全及高水平服务品质。

在物流运力交易共享平台和网络货运平台的基础上，中储智运进一步拓展与升级为智能供应链公共服务平台，如图 6-7 所示。该平台利用互联网、物联网与区块链技术，构建聚合供应链上下游企业物流、商品交易、支付结算、风险管理等各类数据元供应链数字解决方案的平台，为客户提供集软件、硬件、算法、区块链等多种技术集成的供应链数字解决方案。

1. 中储智运平台的“竞价”机制

中储智运平台通过“竞价”机制突破了市场信息壁垒，实现了数据共享。该机制将货主的运力需求和市场运费价格进行有效对接，并通过智能配对与精准推送，实现了返程时间与返程线路的最优化匹配。这不仅提高了返程车辆的利用率，而且通过突破时空界限的互联网平台大大降低了返程车辆找货的时间成本和停车等各种支出，从而提高了运输效率，为物流运输提供创新模式和技术保障。中储智运智配系统将与企业订单系统对接，根据企业的生产订单实时匹配最优运力，实现“产运一体化”的产业升级。这真正体现了“智能运算”推动企业创新，“大数据”服务日常生活的理念。

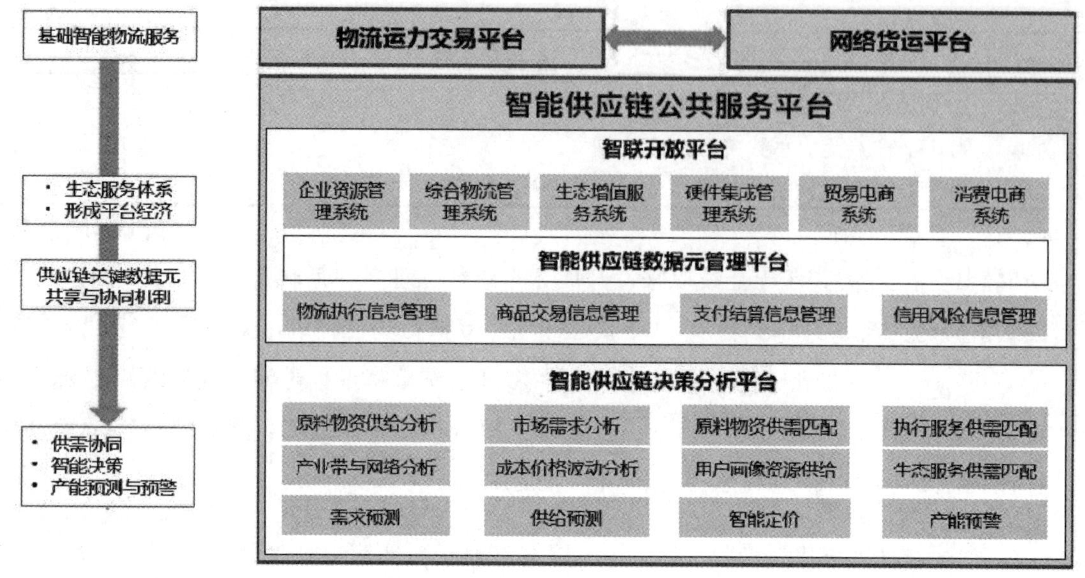

图 6-7　智能供应链公共服务平台

平台如何确保信息的真实性、满足需求的时效性与价格优势，以及货物运输的安全性呢？针对信息真实性，平台通过实名认证和严格的会员审核机制来确保货主和承运人身份信息的真实性。会员在发布或摘牌信息时，需要冻结一定金额的保证金，以约束会员在平台发布和摘牌信息的行为。针对时效性问题，平台利用云计算技术进行智能配对与定向搜索，为货主寻找合适的承运车辆，为承运司机寻找适配货物。针对价格问题，平台基于“不确定蓄水池”理论，整合运力资源，利用返程空车运力，为货主提供更经济的运输选择。我国的返程空车现象普遍，返程空车的价格比正常运输价格低四成到六成，但当平台车辆会员达到一定基数时，通过利用返程运力可以为货主提供便宜的车辆。针对运输安全性问题，系统全程对承运车辆进行定位导航和跟踪呼叫，防范偷逃货物风险，并与保险公司合作建立货运保险机制，通过预约保险手段确保货物安全和货主利益。

平台如何解决大额运费的结算问题？对于运力需求比较大的货主，平台提供授信支付服务功能。这些货主单笔运费的金额比较大，现实中一般采用账期结算等方式与运输公司、货代等合作。这些货主与平台签订货运合同后，与其签订月结费用融资贷款协议的合作银行代替货主支付运费，所有费用将自动转为该货主在银行授信额度内的贷款，货主会员到期还本付息即可。

平台作为“无车承运人”向货主提供运输增值税专用发票。平台为承运人在税务部门代为开具发票，运费报价含税时，相应税款在与承运人结算运费中扣除，收到承运人的运输增值税专用发票后，将发票相应税额汇入承运人的智运宝账户。

2. 中储智运平台引流机制

中储智运平台在拓展用户和建立市场渠道方面，充分利用了中储股份的优势。首先，中储股份拥有庞大的仓储客户资源。中储股份经营库房面积 200 万平方米、货场面积 350 万平方米，以及稀缺铁路专用线资源，年货物吞吐量在 4 500 万～6 000 万吨。其次，中储股份拥有全国性的物流网络。中储股份在北京、天津、上海、辽宁、河南、陕西、湖北、江苏、四川、山东、河北、广东、山西等全国 30 多个中心城市和港口城市设有 70 余家物流配送中心和经营实体。再次，中储股份拥有品牌优势，它作为一家国资委旗下的央企，知名度极高，能够为客户提供信用保证。

中储智运平台以南京本地区域作为用户开发的起点，吸引现有各类优质大型生产制造、贸易商及其他本地中小企业客户，并通过货主客户吸引车主客户，然后通过中储股份的全国物流网络复制南京模式，发展系统内会员客户并向所在地扩张，将中储股份全国运输业务平台化、信息化与电子化，并在此基础上辐射中储股份 70 多个网点，实现平台会员发展扩张和规模效应，形成全国性的平台网络。

3. 中储智运平台的盈利模式

平台目标车辆会员为 134 万人，通过返程车辆的有效利用，实现合理运输，为广大货主提供一个价格透明、快速安全地寻车途径，并解决与规范现有运输市场的发票、税收管理问题。

平台负责整个运输过程的业务管理与风险把控，减少由于中间环节而产生的各种资源消耗和额外成本。平台从货主的全程运费中收取2%作为撮合费用，同时为货主降低至少10%以上的运输成本。

承运人根据自己的业务情况与线路偏好提前规划发车计划与行程，减少中间环节配送场、站的停留时间与迂回运输，节省司机的燃油消耗与生活住宿等额外成本，实现司机收入增加 20%。

在运营过程中，中储股份极力促进现有仓储、金融物流、贸易业务的相互融合，为顾客提供更好的体验。首先，为现有仓储客户提供低价优质运力，降低其成本，承接其仓储和运输综合业务，扩大业务范围；其次，为资信好的货主提供运费先行支付功能，增加在途物资的控制力，延长金融物流服务的时间和地域范围(如质押货物由控制的 A 仓库转移至

B 仓库，货物运输由中储股份负责）；再次，为顾客提供贸易和运输配送综合业务，提高市场竞争力，并提升区域间干线运输和区域内配送能力。

6.5.2 案例讨论

中储智运平台通过模式创新与技术创新整合公路市场运力资源，为上游货主降低了找货成本，为下游司机节省了找货时间，解决了公路运输低效的问题，为上下游企业和个体带来价值，为公路运输业的平台化建设提供了切实可行的解决方案。平台通过整合公路运输业的上游货源资源与下游车辆资源，优化运力配置，提高了资源利用率。平台利用大数据分析技术为合作伙伴提供了个性化服务，实现了信息化与精益化管理。

平台的运力资源整合不局限于公路运输，还向水路运输进一步拓展，在开展无车承运业务的同时还增加了无船承运业务，最终实现公路、水路运输的第三方物流专业化多式联运服务。

平台在为客户提供运力服务的同时，还提供金融服务支持，类似于为部分优质货主客户提供运费结算的授信服务、保险服务、融资服务等，与金融机构合作为司机提供货运信用卡等。

中储智运依托物流运力交易共享平台和网络货运平台双核心平台，利用区块链技术构建聚合供应链上下游的物流、商品交易、支付结算、融资等各类数据元的第三方数字化供应链公共服务平台，通过真实、可追溯的物流信息，全面掌握供应链运行的真实状态。

在此基础上，中储智运利用区块链技术，打造整合供应链上下游企业、政务平台、金融机构的中储智运联盟链，解决供应链涉及交易支付、货物交割、融资、风控，以及结算的数据确权、数据信用和数据隐私问题，为生态协同方提供及时可信的数字供应链信用凭证，高效整合各类资源和要素。

第 7 章

物流平台数字化赋能研究

7.1　数字化和数字化转型

7.1.1　数字化时代的平台研究

数字化是将组织的产品、服务及核心价值转化为可编程、可存储、可转换的数据集合的过程，这一过程往往伴随着便于携带的销售、运作或其他信息要素的变革(Banalieva and Dhanaraj，2019)。数字化(digitalization)与数据化(digitization)的本质区别在于，数字化是对现有数据资源的重新整合，是一个组织层面的概念，一般与企业的信息技术优势及其可转化性相关。

数字技术扩展了平台企业的行业壁垒，拓宽了平台企业的行业范围。Autio 和 Thomas 认为，平台企业通过数字技术能够实现规模经济，而数字技术又使企业的交易成本降低，在有限投资的约束下获得最大收益(Autio and Thomas，2018)。Nambisan 等人将数字技术的范畴拓展到国际商务领域，指出平台的多边市场主体跨越传统意义上的地理边界，实现了用户互动(Nambisan，Siegel，et al.，2018)。

忻榕、陈威如和侯正宇在《平台化管理》一书中提出，在数字变革时代产生了新型管理理念和实践。人和组织需要共同升维(认知)和微粒化(手段)，以实现关系多样化、能力数字化、绩效颗粒化、结构柔性化和文化利他化。平台化管理的基本要素包括基于数字技术进行流程重构、基于个体自我驱动的组织变革，以及基于互相成就心态的集体升级(忻榕，陈威如，等，2019)。

数字平台型企业不仅是交易撮合的中介，也是记录和提取平台用户与其他利益相关者在线行为和互动数据的基础设施。数据资源是数字平台中最重要的资源，其服务特征不同于其他类型的平台，如因知识产权和数据所有权而产生的信任危机(Wessel，Levie，et al.，2016)。

第一，数字技术引领的数字平台企业通过实现不同产品之间的互补性，能够改变市场形态，扩大整体价值，进而拓宽客户的消费选择。企业需要重新评估其传统的价值获取来源(如控制或独家进入下游销售渠道)并寻找新方法，以在不断发展的数字市场中确立有效定位(Cennamo，et al., 2020)。因此，企业不仅要面对来自竞争产品/服务的市场内竞争，还需要评估跨市场竞争或平台竞争。传统企业在给定范围内具有固定的结构和规模优势，企业之间的竞争往往是零和博弈，占据市场更大份额的企业往往更具价值。数字平台基于其生成性(generativity)和连接性(connectivity)，不仅改变了竞争的性质，而且打破了传统行业和部门的门槛，为商业模式创新、动态能力的构建和平台边界的扩张提供了崭新机遇。

第二，数字平台商业模式的创新驱动着平台生态系统的构建。Sandberg 等人(2020)通过对自动化产品平台的案例研究，发现在数字能力转型过程中，平台组件和功能不断深化的数字化，将平台与多种社会和技术环境相连接，带来了重大的架构和组织转变，推向平台以生态系统为中心的组织逻辑转变。Jovanovic 等人(2021)从工业制造的角度出发，将平台划分为产品平台、供应链平台和平台生态系统三种类型，并探讨了每个平台原型的特定创新机制、平台服务和平台价值，从协同进化的视角扩展了平台生态系统与数字服务化的研究。

第三，数字平台动态能力的构建推动力平台生态系统的构建。平台网络效应促进了用户数量的增加，而用户数量的增长带来了更多的数据。平台在提取、控制和分析数据方面的能力(大数据能力)可以带来先发优势(Ruutu，et al.，2017，胡海波和卢海涛, 2018)。尤其是数字服务化(digital servitization)，它是由广泛的数字技术带来的，对企业及其生态系统中的流程、能力和产品进行大规模转变，逐步创建、交付和捕获增加的服务价值(Sjodin，et al.，2020)。数字平台利用第三方提供的应用编程接口(API)共享数据，并利用云计算、区块链等技术提供服务创新(Wessel，et al.，2016)。在数字化环境中，传统的物流供应链线性结构转变为网络结构，例如物流数据服务商(如 G7)、物流云服务模式(如 SaaS 服务)及电商物流企业使用区块链技术(如京东智甄链)。

第四，物流平台可以促进价值共创，并为卡车司机和车队匹配最兼容的客户。武柏宇和彭本红提出，平台企业是价值共创网络协同的关键，以动态能力为中介变量，探讨服务主导逻辑和平台企业价值共创之间的关系(武柏宇和彭本红，2018)。数字平台的多边市场意味着将合作伙伴、客户和供应商集聚在一个平台上，从而实现服务于多个群体和价值主张的转变。一方面，新产品和服务可以更好地满足客户需求并产生额外收入效益，现有价值链转型为数字价值创造网络；另一方面，通过搜集、分析和使用数据，使数字化价值共创为平台的新模式提供基础。

一些学者提出了数字生态系统的概念，认为数字生态系统是由异构数字实体及其相互关系组成的自组织、可扩展和可持续系统，其目的是增加系统的效用、合作和创新(Li，Du，Yin，2017)。系统包括由数字技术和人代表的静态部分，以及形成生态系统行为的交互动态组件，并从以下四个方面进行探讨。①数字行动。通过数字生态系统可以激活或启用哪些新的商业和社会创新流程？哪些类型的活动可以通过数字技术在较大范围内得到显著改善？②数字组织。为了促进生态系统的发展，可以设计和实施哪些组织原则和技术支柱？人与人之间和人与机之间的交流有什么样的协调机制？社会网络分析和人工智能如何支持自动重新配置？③数字参与者。哪些类别的个人、团队和机构可以促进成功的数字生态系统的发展？如何积极有效地参与数字生态系统？软件代理和人工智能系统在加速生态系统增长中的作用是什么？④数字动机。如何在矛盾的立场或期望之间取得平衡，同时确保行动与数字生态系统协同作用？对于每一类参与者，最有效的激励因素是什么？

7.1.2　数字化转型

数字化转型是企业使用各类新兴数字技术，对其经营活动、业务运营进行持续优化以实现价值创新和绩效提升的组织变革过程。这一过程必将对企业的商业模式、组织结构和文化产生不同程度的影响(McIntyre and Srinivasan，2017；Kwak，Cho，et al.，2020)。

物流平台数字化是以数字基础设施为建构载体，为整个系统(包括产品、技术和服务)提供必要的功能。外部组织可以在此基础上开发互补性产品、技术和服务，但社会/商业领域的数字化赋能及其影响的深入研究尚未系统开展(Gawer and Cusumano，2014；Jacobides，Cennamo，et al.，2018；胡海波和卢海涛，2018)。物流平台正在依托移动互联网、云计算等技术，将过去不相关的产品或服务关联起来，形成网络化和动态化的生态圈，创造并满足消费者的集成式需求(陈剑，黄朔，等，2020)。

2016 年，交通运输部推行无车承运人试点，显著提高了货运车辆的利用率，缩短了平均等货时间，提高了货车司机的收入水平，降低了交易成本等。2019 年，交通运输部颁布《网络平台道路货物运输经营管理暂行办法》，开始推进网络货运平台模式(耿勇，2020)。从 2013 年开始，中国掀起了车货匹配平台的浪潮。运满满、货车帮、卡行天下、罗计物流等著名物流平台相继出现，2014 年诞生了 200 多个货运 App，2016 年物流平台数量达到 700 余家，至 2020 年，我国物流平台总数突破 1000 家。然而，大量物流平台在残酷的竞争中面临倒闭或正面临生存危机。随着数字技术(如云计算、区块链、大数据等)在物流领域的广泛应用，对物流平台数字化转型能力进行深入探究显得尤为重要。一方面，物流平台不仅可转变传统平台思维，突破合作边界与阻碍，构建一个庞大的物流平台生态系统，实现数字化赋能；另一方面，物流平台还可以以更加灵活自主的方式参与平台生态系统，共享异质性资源，整合互补性资源，提升数字化能力，积极探索生态合作优势，实现信息流与实物流的高效协同，线上和线下资源整合，提高整体物流服务创新绩效，使平台生态价值获得最大化发挥。

7.1.3 平台数字化赋能的瓶颈和对策

中小企业在转型过程中面临着巨大压力，物流行业尤其以中小企业为主，普遍存在资金不足、人力成本上涨、竞争激烈等问题。2020 年，新型疫情的发生，加速了物流行业数字化转型和智慧化发展的趋势。然而，平台头部企业在数字化技术背景下赋能中小企业的组织行为仍然存在诸多瓶颈，其中数据垄断尤为严重。数据垄断是基于数据占有和使用而形成的垄断，可以理解为重要数据被少数企业或其他市场主体控制，并被不合理分配与使用，以致影响市场公平竞争的现象。

1. 物流平台数字化赋能的瓶颈

(1) 使用数据和算法达成并巩固垄断协议。与传统领域垄断协议相比，具有数据优势的经营者更容易使用数据资源采用新型方式达成垄断协议，且这种协议也更稳定。①利用数据和算法实现默示合谋。数据的广泛搜集和使用大大增加了市场透明度，经营者可以通过算法监视、预测、分析和跟踪竞争对手当前或未来的价格及其他行为，为实施协同行为创造条件。可以说，大数据与算法、人工智能的结合，使得各相关方不需要签订名义上的垄断协议就可以实现合谋。②利用数据和算法监督执行垄断协议。企业可以利用数据和算法执行垄断协议或默示合谋，并通过实时数据分析监视各个企业对合谋协议的执行情况，监督并惩罚那些背离协议的企业，以维护合谋的稳定性。运营打车 App 的知名科技企业“优步”曾因涉嫌在出租车司机之间实施算法合谋而被起诉。

(2) 基于数据优势滥用市场支配地位。在数字经济时代，经营者基于自身掌握的大量数据优势而实施的市场行为，如果妨碍市场竞争和社会福利，就可能被认定为垄断行为。其典型的表现包括：①拒绝竞争对手获取数据资源。尽管数据的非排他性与用户多归属特征会弱化数据的集中程度，但在数据资源方面具有市场支配地位的经营者，采取限制措施限定交易相对人，妨碍竞争对手搜集数据，这可能构成滥用市场支配地位。其典型做法是要求用户或第三方签订排他性条款，从而达到阻碍竞争者获得数据的目的。②基于数据占有优势的搭售行为。根据《中华人民共和国反垄断法》，无正当理由搭售商品或附加不合理的交易条件属于滥用市场支配地位的行为。在数据相关市场上居于支配地位的经营者，可能会基于数据优势地位通过搭售行为来增强在其他市场上的竞争优势。例如，基于自身数据优势。将数据与数据分析服务捆绑出售，以此来增强在数据服务市场上的竞争优势，这种行为在某些情况下能提高效率，但也可能排挤竞争对手、减少竞争，并被认为是滥用市场支配地位。

(3) 经营者集中可能导致排斥竞争的数据集中。《反垄断法》第二十条明确了经营者集中的定义。对于数据垄断而言，数据垄断行为主要表现为占有数据资源的经营者集中导致数据更加集中，损害数据市场竞争性。已占有大量数据资源的经营者，通过经营者集中(合并、控股或签订协议)使占有的数据资源更加完整，催生数据寡头，形成市场支配地位。同时，基于数据资源的特性，由此增加的数据集中度通常会产生明显的规模经济和范围经济，进一步扩大竞争优势。这种经营者集中一方面有利于发挥数据整合优势，提升产品和服务供给效率；另一方面，数据过于集中且封闭运行，可能导致以相关数据为必须投入品的竞争对手难以获取相关市场的数据，从而阻碍市场竞争。因而，确定经营者集中是否属于垄断行为，要评估其对竞争对手或者新进入者获取数据产生的约束。例如，打车软件“滴滴”与“优步”的合并，阿里巴巴收购高德地图等都属于应谨慎审查的经营者集中案例。

(4) 头部平台企业赋能企业的组织行为存在以下问题：①数据共享和数据基础设施共享不足，协同成本高。数据赋能的基础是供应链全要素数据化，即核心快递企业网点数据、专线运输企业的转运数据、专业线路的干线数据、末端自提点的末端数据及快递从业人员的人员数据等。大型平台企业以基础设施的数据赋能平台服务提供商，服务于用户。②社会化资源较为分散，物流模式社会化基础薄弱。在共享经济时代，运力社会化、仓储社会化、分工专业化是智慧物流的显著特征。然而，社会化仓配亟待平台企业资源赋能于线下实体企业，从而推动数据备货和线上线下融合。线上线下融合的新业态新模式是经济转型和促进创新的重要突破口。③平台企业的治理和监管能力有待加强。以公路货运平台企业为例，对于超载、超时驾驶等违规运作有明确的处理原则，但是不合法现象仍层出不穷。物流平台与第三方信用服务机构出具信用报告用于平台用户融资的行为，起着第三方信用服务机构的作用。

2. 平台数字化赋能的对策

(1) 建立权威性的数据资产价值评估标准。应结合数据收集、积累、存储、处理过程的反复性，成本构成的不确定性，经济效益的未知性，以及价值转化或确认过程的风险性等因素，通过市场交易、第三方评估等方式科学确定数据资产价值。只有明确数据资产价值，才能在涉及数据资产的经营者集中、数据垄断案件的结构救济和行为救济中建立明确的分析基准。

(2) 探索建立数据必要设施相关的规则体系。应在考虑数据必要设施界定对相关行业投资和创新影响的基础上，结合公共利益标准、竞争者标准、消费者标准等规则，按照数据对于竞争不可或缺、数据获取具有不可复制性、拒绝开放没有正当理由、数据开放具有可行性等条件加以认定。在认定数据必要设施的前提下，形成更加完善的数据使用规则，防止掌握相关数据的企业滥用市场支配地位。

(3) 完善反数据垄断的实施细则、程序和处罚规定。以增强《反垄断法》的可操作性为目标，制定数字经济领域垄断协议豁免、横向垄断协议宽大制度、反数据垄断案件经营者承诺指南等规则；完善数字经济相关的经营者集中申报、审查、简易案件、附加限制性条件等方面的规定；完善查处数据垄断协议、数据领域滥用市场支配地位案件的程序规定。结合数字经济的特点采取反映数据垄断特性的经济分析新方法，将产业组织理论的新进展、新方法广泛应用于相关市场界定、福利分析、损害认定、垄断行为救济等领域。以界定“相关市场”为例，传统反垄断分析只将双边市场中含“经济效应”的一方市场认定为相关市场，并认为消费者是“免费”获得服务的一方，不能界定为相关市场。但在数字经济条件下，消费者通过提供个人信息数据换取服务，实际上和以数据为驱动的互联网企业存在商业关系，应将消费者免费享有的一部分服务纳入相关市场界定中。

(4) 政策赋能。例如，上海市政府大数据中心赋能上海中小企业服务中心，作为为中小企业服务的数据中台。在后疫情时代，上海培养的开放、包容的协同创新生态系统尤为重要，面向数字经济的平台头部企业，作为开源开放的平台，在全球合作和数字经济扩展应用方面起着重要作用。上海作为数字化赋能的标杆城市，在数据及信息化基础设施领域，较早建设了大数据和云计算中心，有科技基础。上海中小企业服务中心可以当作中小企业数据服务平台，推动有条件的中小物流企业加快数字化改造，通过评选标杆平台企业形成典型案例，打造对接平台企业和中小企业数字化赋能服务产品，加强线上线下融合，如开展线上线下活动，要求参与主体为中小企业，具有技术培训、技术推广、服务优惠等实质内容。与此同时，加大对平台应用政策普惠支持力度，将事后补贴的各类政策转向“数量多、额度低”，让更多的中小物流企业受益。

(5) 政府引导建立“产学研”平台数字化创新。这些平台不仅包括互联网+背景下的平台头部企业(如阿里巴巴、京东等电子商务平台企业)，还包括已有的高校科研院所。上海可以鼓励高等院校和科研院所开展基于数字经济需求的数字化创新体系和理论方案，在校企合作、人才培养和创新、专业设置等领域培养数字化人才，进一步提升中小企业的创新能力，从而建立适应信息时代发展需求的系统化创新理论和方法体系。此外，围绕平台创新和赋能需要，人才和科技等重要资源集聚倾斜，是一种新型的研发战略。介于数字化转型是复杂的系统工程，所以5G应用、大数据、云计算、区块链、金融科技、工业互联网、无人驾驶等应用场景需要政府去赋能企业和市场推动其落地。当科技资源辐射到中小企业时，资源集聚赋能发挥了创新的效力。从中期来看，平台创新即把产业界、学术界、科研院所、协会、金融机构、人才和技术转化、国家和区域政策、国家和区域环境、服务创新等八方面因素融合提升，推动平台企业形成自组织的良性循环生态圈。

(6) 做实做细“惠企28条”，为中小企业降本增效。疫情期间，为了支持上海中小企业平稳健康发展，2020年2月7日，上海市政府下发《上海市全力防控疫情支持服务企业平稳健康发展若干政策措施的通知》(下称“沪28条”)，通过一揽子减费降税政策，降低企业的运营成本。在物流行业，网络货运平台就是一个降低运输成本的成功例子。它将互联网思维与传统物流运输行业有机结合，通过把实体物流资源及虚拟网络的有效结合，以及协同化、信息化、仓储监管、货物追踪、资源共享等形式创新运营方式，从而实现轻资产运营，降低了企业规模扩张的成本，以达到多方利益共赢的目的。

7.2 物流平台数字化赋能概述

7.2.1 物流平台赋能中小企业背景

2018年，在全国网络安全和信息化会议中，习近平总书记提出要发展数字经济的战略思想。中国互联网协会在2022年中国互联网大会发布的《中国互联网发展报告(2022)》显示，2021年我国数字经济规模增至45.5万亿元，总量稳居世界第二。但是，根据科学时报调查显示，许多新创企业在1～2年后死亡，年龄超过3年的仅占10%。据IBM发布的全球CEO调查报告显示，全球82%的中小企业采用平台化的方式生存和发展，以更快的速度实现收入和利润的增长。

国家出台了一系列针对中小企业数字化赋能的政策和指导意见。比如，2019年颁布的《国务院办公厅关于促进平台经济规范健康发展的指导意见》；2020年，工信部中小企业局发布的《中小企业数字化赋能专项行动方案的通知》中提出了以“数字化赋能”为重点服务活动。又如，艾瑞咨询《2020年中国中小微企业数字化升级研究报告》的报告中描述了我国中小微企业的现状，2019年我国中小微企业总数在1.2亿左右，而接入O2O平台的中小微企业占比总数不及10%，可见中小微企业整体数字化程度较低，数字化升级服务市场具有巨大空间(艾瑞咨询，2020)。

长期以来由于我国物流行业资源分散，中小微物流企业居多，管理较为分散，本身拥有的资源(如车辆、人员)有限，而且受新型疫情冲击很大，企业的生存和发展受阻。疫情期间末端配送呈现无人化、智能化、无接触化的新需求，引发中小微物流企业需要接入数字平台实现服务升级。因为数字平台是中小微物流企业数字化转型的催化剂(Hossain，2017)，数字平台赋能中小微物流企业的研究，能进一步吸引更多中小微物流企业使用或进驻平台，并最大化网络效应。

平台赋能是指由核心企业集聚研发能力、生产经验和产业资源，搭建基础区块(building block)，依托这一基础区块(平台)的共享输出，对平台供需双边用户进行“赋能”。平台赋能是指由龙头型复杂产品集成商搭建平台，实现更多复杂产品集成商与模块分包商的供需对接。平台赋能在促进集成商和分包商互补创新的同时，依托有效的平台界面治理，极大提升了复杂产品的集成管理效率。上海市统计局第四次经济普查数据显示，上海市中小企业合计 40.9 万户，从业人员 743.2 万人，分别占全市法人企业总数的 99.5%和 69.6%。然而，中小企业的数字化水平普遍较低，全国范围内超 55%的企业尚未完成基础设备数字化改造。因为中小企业大多数利润微薄，难以承受数字化转型和新技术应用的高昂成本，缺乏数字化转型的动力，所以上海通过平台集聚一批面向中小企业的数字化服务商，培育推广一批符合中小企业需求的数字化平台、系统解决方案、产品和服务，开展线上线下对接活动，以数字化、网络化、智能化赋能，助力中小企业应对疫情，实现快速安全复工复产和转型成长。

1. 政策势能力度加强

2020 年，工信部中小企业局发布的《中小企业数字化赋能专项行动方案的通知》和《关于开展 2020 年中小企业公共服务体系助力复工复产重点服务活动的通知》，均提出以“数字化赋能”为重点服务活动。商务部等八部门发布的《关于进一步做好供应链创新与应用试点工作的通知》，推进供应链数智化发展。国家发改委提出的新基建基础设施建设，也为 5G、物联网等高科技在物流行业的数字化提供了基础。

2. 头部平台数字化赋能中小企业

电商企业、快递企业、跨境电商企业等企业巨头纷纷建立平台，率先进行数字化转型。例如，电商巨头京东建立了“云仓平台+WMS+TMS+库内仓储作业”创新服务形式，助力中小企业和商家提升仓配效率；快递巨头顺丰与多个品牌商合作，提供线上线下全渠道销售与库存共享、同城集配、仓库或门店调拨等服务，助力鞋服行业数字化转型；菜鸟建立国家智能物流骨干网，通过海外仓平台服务中小企业远程采买和运营决策。

3. 技术支撑着数字化赋能平台体系已经形成

数字化赋能应用场景是平台企业运用互联网、大数据、人工智能、物联网等数字技术，全方位重塑平台用户(如中小企业)战略思维、业务流程、组织架构和商业模式，构建以数据为核心驱动要素的价值创造体系，实现平台企业与用户、平台服务提供商等利益相关者价值共创的过程，从而确保中小企业在后疫情时代日益激烈的市场环境中获得核心竞争力和可持续增长。网络货运平台技术赋能平台用户的例子比比皆是。大多数小型卡车公司没有资金、人才与能力去研发，但网络货运平台企业提供的是一个整车平台，客户可以在这个平台得到他们需要的货物信息。除信息撮合外，网络货运平台还承担着路线规划、货物承运、运途监控和对账结算等诸多业务，这些业务都依赖公司互联网技术水平与研发能力而提升与增强。

7.2.2 数字化赋能的维度

从心理学领域赋能的维度划分(Carmen，et al.，2011)，可以将赋能的过程划分为结构赋能、心理赋能和资源赋能三个维度(Carmen，Pan，et al.，2011)。随着云计算、物联网、人工智能、区块链等数字技术的发展，数据逐渐由量变到质变，许多学者开始意识到数据赋能在计算机科学领域的作用。Thomas(1990)提出数据赋能将日益复杂和动态的组织和个人连接起来，被赋能者的连接能力、智能能力和分析能力能够进一步提高(Thomas and Velthouse，1990；Lenka，Parida，et al.，2017)。许多管理学学者也将赋能理论引入组织变革和平台创新的研究，罗仲伟(2017)构建了平台与自组织结合的赋能组织机制，强调“赋能”正在取代“赋权”成为实现组织激励约束功能的基本组织原理。随着数字技术催生社交媒体和虚拟社群成为重要的价值共创平台(Astyne，Parker，et al.，2016)，围绕核心企业的所有利益相关方均可彼此赋能，并因此实现全网的价值共创与协同进化(胡海波和卢海涛，2018)。平台企业应该战略性地投资用户的能力和创造力(Eisenmann，Parker，et al.，2011)，这样可以提供平台客户数量大幅度增长的机会，赋能客户并强化平台自增强效应。

不同学者对数字化赋能有不同的见解。靳璐璐和张培通过调研一家生产服务型企业识别了四个赋能维度。信息化赋能持续改善生产业务流程，表现为递进式的差异性影响；结构赋能为业务流程持续改善提供支持；领导赋能影响权限争取；心理赋能达成赋能共识(靳璐璐和张培，2019)。数字化赋能是数字技术的普及和企业发展过程中自然而然产生的新事物。数字技术赋予企业创新能力，从而促进消费和改革(Qiao，Chang，et al.，2018)。总的来说，企业已经意识到数字化赋能对于企业转型的重要作用，但已有研究仅仅将数字化赋能当作企业数字化转型的工具或手段，未能深入分析数字化赋能的影响因素，也未能从物流平台赋能的角度认识和把握影响企业数字化转型的关键因素。

基于大量文献的划分维度和赋能在管理学领域的应用场景，本书将物流平台数字化赋能维度划分为数据赋能、资源赋能、生态赋能和服务赋能。

1. 数据赋能

Thomas(1990)提出。数据赋能将日益复杂和动态的组织和个人连接起来，被赋能者的连接能力、智能能力和分析能力能够进一步提高。物流平台的赋能利用信息技术实现企业技术和业务能力的跃迁，如通过大数据或人工智能实现数据变现。中小微物流企业在平台使用过程中产生海量数据，线下实体平台和线上网络平台记录了客户数据、车辆数据、司机数据、交易数据、路线数据、诚信评估数据等，形成了一个庞大的数据仓库。物流平台基于大数据应用可以根据客户的需求深度挖掘数据背后的可行性思路，为中小微物流企业提供供应商选择方案、客户需求分析、仓储功能与规模定位、运输路线优化、最优库存管理等一系列解决方案。

2. 资源赋能

在提高物流平台对各种资源的获取、控制和管控能力后，物流数字化进程也开创了新型的资源整合方式。由于物流服务的实施需要大量线上线下资源作为支撑，因此物流平台为了吸引平台用户的流量，通过寻求融资机会自建物流基础设施以实现规模效应，或者在资金约束的阶段利用众包协作整合资源。

3. 生态赋能

生态赋能是通过资金、场地、数据、流量和数字化运营经验等生态资源为企业赋能，关键在于生态系统的构建。物流平台提供面向双边资源整合的服务模式，也就是说，既为服务提供商整合用户资源，又为中小微物流企业整合来自不同供应商的服务资源。

4. 服务赋能

服务赋能是以物流服务为典型内容的服务主导型数字平台，它逐渐被称为物流业发展的新模式(Qin，Liu，et al.，2019)。物流平台可以促进价值共创，并为卡车司机和车队匹配最兼容的客户。武柏宇和彭本红提出，平台企业是价值共创网络协同的关键，以动态能力为中介变量，探讨在服务主导逻辑和平台企业价值共创之间的关系(武柏宇和彭本红，2018)。物流平台与服务提供商提供信息数据、营销、物流和融资等集约化的服务赋能于中小微物流企业，帮助第三方以价值共创机理来实现精准化、透明化和在线化的数字化供应链服务。物流供应链线性结构在数字化环境中呈现网络结构，呈现物流数据服务商(如 G7)，物流云服务模式(如 SaaS 服务)以及电商物流企业使用区块链技术(如京东智甄链)。随着互联网、云计算、大数据、人工智能等信息技术的发展和普及，平台头部企业数字化赋能中小企业效率提升。

周文辉和何奇松研究创业孵化平台时发现三种赋能机制：平台通过结构赋能机制突破了资源配置意愿瓶颈，激发了供需双方资源配置的意愿；平台通过资源赋能机制突破了资源配置条件瓶颈，为供需双方创造了资源配置的条件；平台通过数据赋能机制突破了资源配置效率瓶颈，提升了资源供需双方资源配置的效率(周文辉和何奇松，2021)。

7.2.3 生鲜电商平台数字化赋能路径

2020 年 4 月 14 日，上海市商务委员会公布的数据显示，上海市生鲜电商平台交易额达 88 亿元，同比增长 167%，订单量增长 80%。在疫情严重的 2 月份，主要生鲜电商平台每天订单数量为 50 万单，销售猪肉约 150 吨、蔬菜约 500 吨。上海发布了《上海市促进在线新经济发展行动方案(2020—2022 年)》，标志着上海将拓展生鲜电商零售业态，大力促进“数字菜场”等消费新业态发展、加快发展“无接触”配送，以及鼓励发展智慧零售终端等。生鲜是复购率最高的品类，其高复购率、高毛利吸引了不少企业入局。虽然生鲜有可观的利润空间，但也是电商中门槛最高的品类，它面临着供应链改造复杂、资金需求量大、损耗率难以控制、时效性要求高等挑战。因此，生鲜电商平台利用数字技术赋能传统产业，用信息化手段打通供应链体系，是未来的发展重点。

国内生鲜产品需求量大，生鲜电商快速发展，催生了冷链物流服务的需求和冷链行业的增长。随着冷链服务要求更加精细，仓储和配送高速发展并向供应链转型。例如，鲜易供应链在 2016 年构建了互联网+物流公共服务平台，试图贯通全链条。

1. 电商平台品牌赋能上海本地生鲜农产品商家

上海综合电商平台企业(如天猫和京东等)可联合上海本地特色生鲜农产品头部企业，借助平台本身强大的品牌优势和忠实的消费群体，打造“上海特色生鲜农产品品牌+平台品牌”的双品牌连锁效应。综合电商平台普遍具有规模经济优势，可发挥自身品牌效应，将上海

特色农产品标准化、品牌化，为上海特色农产品搭建本地和国内外物流仓配运一体化网络，助其打开国内外市场。综合电商平台企业根据数据模型和算法绘制消费者画像，精准定位上海本地生鲜农产品地区性消费群体，调节需求端和供应端的平衡，整合平台内外部优势资源，以C2C为基础推动B2C的发展，赋能上海本地生鲜农产品商家和个体。

上海本地农民合作社、家庭农场等新型农业经营主体的发展迅速，且随着农业现代化水平的提高，生鲜农产品生产规模化、标准化、科技化、集约化、产业化程度正在逐步提升。因此，电商平台可以把这些本地生鲜农产品对接到平台上，采用直播带货、网红带货、旅游带货等方式在线上销售，并引流到线下，开发文旅产业，丰富农产品的文化内涵。

2. 数字技术赋能生鲜平台

专业度较高的每日优鲜、叮咚买菜等一批垂直型生鲜电商始终占领着行业市场的一席之地，而且平台为了保证货源质量，采用产品生产、加工、运输、销售等产业链一体化模式，一般选择直接去生鲜原产地或蔬菜基地采购，以确保产品的品质。区块链技术可用于生鲜产品的溯源，这是一种按照时间顺序将数据区块以顺序相连的方式组合的链式数据结构，并以密码学方式保证不可篡改和不可伪造的分布式账本。因此，区块链可追溯技术的研发和实践，有利于满足生鲜产品对品控与服务的极高要求，不仅保证了在冷链物流配送过程中从田头到餐桌的品质和安全，也为品牌赋能、精准营销夯实了基础。与此同时，我们还可以借助大数据分析技术，设计一揽子解决方案，帮助平台企业实现全网质量数据和商品流通数据的分析。

许多生鲜电商采用前置仓方式来解决最后一公里的问题，然而在实际工作中，企业数据分析基础有限，经常会出现消费者需要的商品缺货，生鲜过保质期，效率不高，没办法满足消费需求等的情况。前置仓需要升级的是通过大数据对区域的需求量进行更精准的测算，使商品储备更精准，恰恰是消费者需要下单的储备量，这样既能降低损耗，又可以满足消费者的需求。

3. 生鲜电商平台生态赋能生鲜商家

根据艾瑞咨询2020年发布的《生鲜电商行业报告》显示，生鲜电商企业基本是头部企业，在资金、物流、流量和供应链上均有核心竞争力。因此，头部企业在日益发展成熟的同时，必然会整合多个业态、创新商业模式并形成线上线下融合的生态圈。例如，京东生鲜曾提出“生鲜赋能计划”，从营销、渠道、物流、数据和金融等多维度赋能，即帮助生鲜中小品牌商打造“标准化+高附加值+多渠道”品牌。其中，标准化指的是包装、物流和售后标准化；高附加值指的是优质商品、优质服务和优质增值产品，最终提升生鲜商家的营业收入；多渠道指的是全国核心城市全温层冷库和全程温控体系，保证生鲜产品的品质和速度。

以下是所提出的生鲜电商平台赋能的三条建议。

第一，鼓励生鲜电商平台与商场超市合作，推动传统商业的数字化升级改造，与农贸市场合作，打造一批“数字菜场”。数字菜场可以有效地打通线上与线下，管控菜场的菜品和商户。对于 18～35 岁的年轻用户，菜场可以组织商户或者外包给平台送货上门，扩充菜场的服务范围。菜场要实现数字化、透明化管理，且菜场的管理者还要有效监督采购和运营，并与政府对接菜品的供需情况。

第二，鼓励上海生鲜电商共享线下冷链物流配送体系的资源，鼓励生鲜电商平台共享仓库和配送资源，降低配送成本，提高配送效率，特别是在特殊阶段，可以保证上海市的应急物流配送体系及其配送效率。在疫情等特殊情况下，可推出“社区自提”“无接触配送”“无人机配送”等服务模式，在密集的小区和地点或商圈覆盖服务网点，还可以加大无人超市 24 小时自助服务的投入。

第三，生鲜产品的质量良莠不齐，且往往缺乏质量认证，这可能与供应链的各个环节可能都有关，但每个环节都深入管理难度又太大，所以生鲜电商平台应充分利用第三方进行质量认证，加强监管，建立商家的经营考核与惩戒机制，完善消费者投诉处理服务，使供应链各个环节都遵守平台契约、规范经营；实时监测生鲜农产品的质量变化并为合作者提供订单信息，保证供应模式运作的高效性；对肉禽类、果蔬类、水产类等生鲜农产品制定不同的分类管理标准，确保物流运输与仓储环节食材的鲜活度。通过区块链技术，可以提高整个供应链的透明度，确保生鲜产品信息的公开和可追溯性。

参 考 文 献

[1] Adner, R. Ecosystem as Structure: An Actionable Construct for Strategy. Journal of Management, 2017, 43(1): 39-58.

[2] Adner, R.,R. Kapoor. Value creation in innovation ecosystems: How the structure of technological interdependence affects firm performance in new technology generations. Strategic Management Journal, 2010, 31(3): 306-333.

[3] Ahuja, G. Collaboration Networks, Structural Holes and Innovation: A Longitudinal Study. Administrative Science Quarterly, 2000, 45(1): 425-455.

[4] Akaka, M.,S. Vargo. Technology as an operant resource in service (Eco)systems. Information Systems and e-Business Management, 2013, 12(2): 197-217.

[5] Alamäki, A., T. Rantala, K. Valkokari,K. Palomäki. Business Roles in Creating Value from Data in Collaborative Networks, 2018, 612-622.

[6] Anggraeni, E., E. Hartigh,M. Zegveld. Business ecosystem as a perspective for studying the relations between firms and their business networks, 2007.

[7] Arun Sampaul Thomas, G.,Y. Harold Robinson. IoT, Big Data, Blockchain and Machine Learning Besides Its Transmutation with Modern Technological Applications. Intelligent Systems Reference Library, 2020, 180: 47-63.

[8] Astyne, M. W. V., G. G. Parker,S. P. Choudary. Pipelines, platforms, and the new rules of strategy. Harvard Business Review, 2016, 94(4): 56-62.

[9] Autio, E.,L. Thomas. Ecosystem value co-creation. Academy of Management Proceedings, 2018(1): 15913.

[10] Axelsson, B.,F. Wynstra. Interaction patterns in service exchange: some thoughts on the impact of different kinds of services on buyer-supplier interfaces and interactions. the 16th IMP conference, Bath, 2000.

[11] Baldwin, C. Modularity and Organizations. SSRN Electronic Journal, 2012.

[12] Baldwin, C.,C. J. Woodard. The Architecture of Platforms: A Unified View. Platforms, Markets and Innovation, 2008, 123-150.

[13] Banalieva, E.,C. Dhanaraj. Internalization theory for the digital economy. Journal of International Business Studies, 2019, 50(7): 1248-1272.

[14] Barney, J. Resource-based theories of competitive advantage: A ten-year retrospective on the resource-based view. Journal of Management, 2001, 27(6): 643-607.

[15] Barney, J. B. Purchasing, Supply Chain Management and Sustained Competitive Advantage: The Relevance of Resource-based Theory. Journal of Supply Chain Management, 2012, 48(2): 3-6.

[16] Betz, C., M. Burkhalter,R. Jung . Prerequisites for Value Co-Creation in Business Ecosystems, 2019.

[17] Borgatti, S.,X. Li. On Social Network Analysis in a Supply Chain Context. Journal of Supply Chain Management, 2009, 45(2): 5-22.

[18] Bosch-Sijtsema, P.,J. Bosch. Plays Nice With Others? Multiple ecosystems, various roles and divergent engagement models. Technology Analysis and Strategic Management, 2015, 27: 960-974.

[19] Boudreau, K.,L. Jeppesen. Unpaid Crowd Complementors: The Platform Network Effect Mirage. Strategic Management Journal, 2015, 36(12): 1761-1777.

[20] Boudreau, K. J. Platform boundary choices & governance: Opening-up while still coordinating and orchestrating. A. Gawer, B. S. Silverman, & S. Stern (Eds), Entrepreneurship, innovation, and platforms (advances in strategic management). Bingley: Emerald, 2017.

[21] Bramoullé, Y., H. Djebbari,B. Fortin. Identification of peer effects through social networks. Journal of Econometrics, 2009, 150(1): 41-55.

[22] Burt, R. Structural Holes: The Social Structure of Competition. Bibliovault OAI Repository, the University of Chicago Press, 1994, 40.

[23] Cambra Fierro, J. J.,R. Ruiz. Advantages of intermodal logistics platforms: Insights from a Spanish platform. Supply Chain Management-an International Journal - SUPPLY CHAIN MANAG, 2009, 14: 418-421.

[24] Carmen, L. M., S. L. Pan,P. Ractham. ICT-Enabled Community Empowerment in Crisis Response: Social Media in Thailand Flooding. Journal of the Association for Information Systems, 2011, 16(3): 174-212.

[25] Ceccagnoli, M., C. Forman,P. Huang. Cocreation of value in a platform ecosystem:the case of enterprise software. MIS Quarterly, 2012, 36(1): 263-290.

[26] Ceccagnoli, M., C. Forman, P. Huang,D. J. Wu. Cocreation of value in a platform ecosystem: the case of enterprise software. MIS Quarterly, 2012, 36(1): 263-290.

[27] Cennamo, C., G. B. Dagnino, A. Di Minin,G. Lanzolla. Managing Digital Transformation: Scope of Transformation and Modalities of Value Co-Generation and Delivery. California Management Review, 2020, 62(4): 5-16.

[28] Cennamo, C.,J. Santalo. Platform competition: Strategic trade-offs in platform markets. Strategic Management Journal, 2013, 34.

[29] Cennamo, C.,J. Santalo. Generativity Tension and Value Creation in Platform Ecosystems. Organization Science, 2019, 30(3): 617-641.

[30] Cennamo, C.,S. Santalo. Platform competition:strategic trade-offs in platform markets. Strategic Management Journal, 2013, 34(1): 1331-1350.

[31] Costa, E., A. L. Soares,J. P. de Sousa . Industrial business associations improving the internationalisation of SMEs with digital platforms: A design science research approach. International Journal of Information Management, 2020, 53.

[32] Cusumano, M. A.,A. Gawer. The elements of platform leadership. Mit Sloan Management Review, 2002, 43(3): 51-59.

[33] de Reuver, M., C. Sorensen,R. C. Basole. The digital platform: a research agenda. Journal of Information Technology, 2018, 33(2): 124-135.

[34] Eisenhardt, K. M. Building theories from case study research. Academy of Management Review, 1989, 14(4): 532-550.

[35] Eisenmann, T., G. Parker,M. Van Alstyne. Platform Envelopment. Strategic Management Journal, 2010, 32.

[36] Eisenmann, T., G. Parker,M. Van Alstyne. Platform envelopment. Strategic Management Journal, 2011, 32(1): 1270-1285.

[37] Eisenmann, T., G. Parker,M. W. Van Alstyne. Strategies for two-sided markets. Harvard Business Review, 2006, 84(10): 92-101.

[38] Elia, G., A. Margherita,G. Passiante. Digital entrepreneurship ecosystem: How digital technologies and collective intelligence are reshaping the entrepreneurial process. Technological Forecasting and Social Change, 2020, 150: 119791.

[39] Evans, D., A. Hagiu,R. Schmalensee. Invisible Engines: How Software Platforms Drive Innovation and Transform Industries, 2006.

[40] Evans, D. S.,R. Schmalensee. Matchmakers: The New Economics of Multisided Platforms. Brighton, Harvard Business Review Press, 2016.

[41] Fabbe-Costes, N., M. Jahre,C. Roussat. Supply Chain Integration: The role of Logistics Service Providers. International Journal of Productivity and Performance Management, 2009, 58: 71-91.

[42] Fehrer, J., H. Woratschek,R. Brodie. A systemic logic for platform business models. Journal of Service Management, 2018, 29(1): 100-120.

[43] Fu, W., Q. Wang,X. Zhao. The influence of platform service innovation on value co-creation activities and the network effect. Journal of Service Management, 2017, 28: 348-388.

[44] Gawer, A. Platform dynamics and strategies: From products to services. Platforms, Markets and Innovation, 2009, 45-76.

[45] Gawer, A. Bridging differing perspectives on technological platforms: Toward an integrative framework. Research Policy, 2014, 43(7): 1239-1249.

[46] Gawer, A.,M. A. Cusumano. How companies become platform leaders. Mit Sloan Management Review, 2008, 49(2): 28-36.

[47] Gawer, A.,M. A. Cusumano. Industry Platforms and Ecosystem Innovation. Journal of Product Innovation Management, 2014, 31(3): 417-433.

[48] Gawer, A.,R. Henderson. Platform owner entry and innovation in complementary markets: evidence. Journal of Economics and Management Strategy, 2009, 16(1): 1-34.

[49] Grant, R. The Resource-Based Theory of Competitive Advantage: Implications for Strategy Formulation. California Management Review, 1999, 33: 3-23.

[50] Grönroos, C.,P. Voima. Critical service logic:making sense of value creation and co-creation. Journal of the Academy of Marketing Science, 2013, 41(2): 133-150.

[51] Gulati, R. Network location and learning: the influence of network resources and firm capabilities on alliance formation. Strategic Management Journal, 1999, 20: 397-420.

[52] Gulati, R., P. Puranam,M. Tushman. Meta-organization design: Rethinking design in interorganizational and community contexts. Strategic Management Journal, 2012, 33: 571-586.

[53] Gummesson, E.,C. Mele. Marketing as Value Co-creation Through Network Interaction and Resource Integration. Journal of Business Market Management, 2010, 4: 181-198.

[54] Helfat, C. E.,R. S. Raubitschek. Dynamic and integrative capabilities for profiting from innovation in digital platform-based ecosystems. Research Policy, 2018, 47(8): 1391-1399.

[55] Henfridsson, O., J. Nandhakumar, H. Scarbrough,N. Panourgias. Recombination in the open-ended value landscape of digital innovation. Information & Organization, 2018, 28(2): 89-100.

[56] Hossain, H. L. How Do Digital Platforms for Ideas, Technologies, and Knowledge Transfer Act as Enablers for Digital Transformation? Technology Innovation Management Review , 2017, 7(9): 55-60.

[57] Huggins, R. Forms of Network Resource: Knowledge Access and the Role of Inter-Firm Networks. International Journal of Management Reviews, 2010, 12.

[58] Iansiti, M.,R. Levien. Strategy as ecology. Harvard Business Review, 2004, 82(3): 68-+.

[59] Jacobides, M., C. Cennamo,A. Gawer. Towards a Theory of Ecosystems. Strategic Management Journal, 2018, 39.

[60] Jacobides, M. G., C. Cennamo,A. Gawer. Towards a theory of ecosystems. Strategic Management Journal, 2018, 39(8): 2255-2276.

[61] Kapoor, R.,S. Agarwal. Sustaining Superior Performance in Business Ecosystems: Evidence From Application Software Developers in the iOS and Android Smartphone Ecosystems. Organization Science, 2017, 28.

[62] Kapoor, R.,J. M. Lee. Coordinating and competing in ecosystems: How organizational forms shape new technology investments. Strategic Management Journal, 2013, 34(3): 274-296.

[63] Ketonen-Oksi, S.,K. Valkokari. Innovation Ecosystems as Structures for Value Co-Creation. Technology Innovation Management Review, 2019, 9: 24-34.

[64] Krishnan, V.,S. Gupta . Appropriateness and Impact of Platform-Based Product Development. Management Science, 2001, 47: 52-68.

[65] Kwak, S.-Y., W.-S. Cho, G.-A. Seok,S.-G. Yoo. Intention to Use Sustainable Green Logistics Platforms. Sustainability, 2020, 12: 3502.

[66] Lenka, S., V. Parida,J. Wincent. Digitalization Capabilities as Enablers of Value Co-Creation in Servitizing Firms. Psychology and Marketing, 2017, 34(1): 92-100.

[67] Letaifa, S. The uneasy transition from supply chains to ecosystems: The value-creation/value-capture dilemma. Management Decision, 2014, 52.

[68] Ling, C., S. L. Pan, P. Ractham,L. Kaewkitipong. ICT-Enabled Community Empowerment in Crisis Response: Social Media in Thailand Flooding 2011. Journal of the Association for Information Systems, 2015, 16(3): 174-212.

[69] Liu, W. H. Service supply chain management: a behavioural operations perspective. Modern Supply Chain Research and Applications, 2019, 1(1): 28-53.

[70] Lusch, R. F.,S. L. Vargo. Service-dominant Logic:Premises,Perspectives,Possibilities. Cambridge, Cambridge University Press, 2014.

[71] McIntyre, D. P.,A. Srinivasan. Networks, platforms, and strategy: Emerging views and next steps. Strategic Management Journal, 2017, 38(1): 141-160.

[72] Mirata, M. Experiences from early stages of a national industrial symbiosis programme in the UK: determinants and coordination challenges. Journal of Cleaner Production, 2004, 12: 967-983.

[73] Moore, J. F. Predators and Prey: A new ecology of competition. Harvard Business Review, 1993, 3(1): 73-86.

[74] Moore, J. F. Predators and prey: A new ecology of competition. Harvard Business Review, 1993, 75-83.

[75] Nambisan, S., D. Siegel,M. Kenney. On open innovation, platforms, and entrepreneurship. Strategic Entrepreneurship Journal, 2018, 12(3): 354-368.

[76] Nambisan, S., S. Zahra,Y. Luo. Global platforms and ecosystems: Implications for international business theories. Journal of International Business Studies, 2019.

[77] Nambisan, S., S. A. Zahra,Y. Luo. Global platforms and ecosystems: Implications for international business theories. Journal of International Business Studies, 2019, 50(9): 1464-1486.

[78] Ng, I.,S. Vargo. Service-dominant (S-D) logic, service ecosystems and institutions: bridging theory and practice. Journal of Service Management, 2018, 29: 518-520.

[79] Normann, R.,R. Ramirez. Designing Interactive Strategy : From Value Chain to Value Constellation. Chichester, UK, John Wiley & Sons, 1993.

[80] Osterwalder, A. The Business Model Ontology – A Proposition in a Design Science Approach, 2004.

[81] Ozalp, H., C. Cennamo,A. Gawer. Disruption in Platform-Based Ecosystems. Journal of Management Studies, 2018, 55(7): 1203-1241.

[82] Panico, C.,C. Cennamo. User preferences and strategic interactions in platform ecosystems. Strategic Management Journal, 2020.

[83] Penrose, E. The theory of the growth of the firm(4th edition). Oxford, Oxford Press, 2009.

[84] Peteraf, M. The cornerstones of competitive advantage: A resource-based view. Strategic Management Journal - STRATEG MANAGE J, 1993, 14: 179-191.

[85] Prahalad, C. K.,V. Ramaswamy. Co-Creating Unique Value With Customers. Strategy & Leadership, 2004, 32: 4-9.

[86] Prajogo, D.,J. Olhager. Supply Chain Integration and Performance: The Effects of Long-Term Relationships, Information Technology and Sharing, and Logistics Integration. International Journal of Production Economics, 2012, 135: 514-522.

[87] Qiao, S. U. N., W. A. N. G. Chang, Z. U. O. Lyu-shui,L. U. Feng-hua. Digital empowerment in a WEEE collection business ecosystem: A comparative study of two typical cases in China. Journal of Cleaner Production, 2018, 184.

[88] X. Qin, Z. Liu,L. Tian. The Strategic Analysis of Logistics Service Sharing in an E-commerce Platform. Omega, 2020, 92: 92, 102-153.

[89] Ramani, G.,V. Kumar. Interaction orientation and firm performance. Journal of Marketing, 2008, 72(1): 27-45.

[90] Robertson, D.,K. Ulrich. Planning for Product Platforms. Sloan Management Review, 1998, 39.

[91] Rochet, J.-C.,J. Tirole. Two-sided Markets: A Progress Report. The RAND Journal of Economics, 2006, 37: 645-667.

[92] Rodan, S.,C. Galunic. More Than Network Structure: How Knowledge Heterogeneity Influences Managerial Performance and Innovativeness. Strategic Management Journal, 2004, 25: 541-562.

[93] Rong, K., J. Wu, Y. Shi,L. Guo. Nurturing business ecosystems for growth in a foreign market: Incubating, identifying and integrating stakeholders. Journal of International Management, 2015, 21(4): 293-308.

[94] Ruutu, S., T. Casey,V. Kotovirta. Development and competition of digital service platforms: A system dynamics approach. Technological Forecasting & Social Change, 2017, 117(1): 119-130.

[95] Schmeiss, J., K. Hoelzle,R. P. G. Tech. Designing Governance Mechanisms in Platform Ecosystems: Addressing the Paradox of Openness through Blockchain Technology. California Management Review, 2019, 62(1): 121-143.

[96] Smorodinskaya, N.,M. Russell. Innovation Ecosystem Vs. Innovation Systems in terms of Collaboration and cocreation of value. Proceedings of the 50th Hawaii International Conference on Systems Science, 2017.

[97] Stabell, C. B.,Ø. Fjeldstad. Configuring Value for Competitive Advantage: On Chains, Shops, and Networks. Strategic Management Journal, 1998, 19: 413-437.

[98] Storbacka, K., R. J. Brodie, T. Boehmann, P. P. Maglio,S. Nenonen. Actor engagement as a microfoundation for value co-creation. Journal of Business Research, 2016, 69(8): 3008-3017.

[99] Teece, D. Explicating dynamic capabilities: The nature and microfoundations of (sustainable) enterprise performance. Strategic Management Journal, 2007, 28: 1319-1350.

[100] Thomas, K. W.,B. A. Velthouse. Cognitive Elements of Empowerment: An Interpretive Model of Intrinsic Task Motivationl. Academy of Management Review, 1990, 15(4): 666-681.

[101] Thomas, L., E. Autio,D. Gann. Architectural Leverage: Putting Platforms in Context. Academy of Management Executive, 2014, 28: 198-219.

[102] Tiwana, A. Evolutionary Competition in Platform Ecosystems. Information Systems Research, 2015, 26(2): 266-281.

[103] Tiwana, A., B. Konsynski,A. A. Bush. Platform Evolution: Coevolution of Platform Architecture, Governance, and Environmental Dynamics. Information Systems Research, 2010, 21(4): 675-687.

[104] Van Alstyne, M. W., G. G. Parker,S. P. Choudary. Pipelines, Platforms, and the New Rules of Strategy. Harvard Business Review, 2016, 94(4): 54.

[105] Vargo, S. L.,R. F. Lusch. Institutions and axioms: an extension and update of service-dominant logic. Journal of the Academy of Marketing Science, 2016, 44(1): 5-23.

[106] Vargo, S. L., P. P. Maglio,M. A. Akaka. On value and value co-creation: A service systems and service ogic perspective. European Management Journal, 2008, 26(3): 145-152.

[107] Vial, G. Understanding digital transformation: A review and a research agenda. The Journal of Strategic Information Systems, 2019, 28.

[108] Wessel, M., A. Levie,R. Siegel. The Problem with Legacy Ecosystems. Harvard Business Review, 2016, 94.

[109] West, J.,D. Wood. Evolving an open ecosystem:the rise and fall of the symbian platform. Adner R,Oxley J E,Silverman B S. Collaboration and competition in business ecosystems[M]. Emerald Emerald Group Publishing Limited, 2013.

[110] Wheelwright, S.,K. Clark. Creating Plan to Focus Product Development. Harvard business review, 1992, 70: 70-82.

[111] Williamson, P.,A. De Meyer. Ecosystem Advantage: How to Successfully Harness the Power of Partners. California Management Review, 2012, 55: 24-46.

[112] Xie, K., Y. Wu, J. Xiao,Q. Hu. Value co-creation between firms and customers:the role of big data-based cooperative assets. Information & Management, 2016, 53(8): 1034-1048.

[113] Yin, R. K. Case study research: Design and methods, 4th ed. London: Sage, 2008.

[114] Zhu, F.,M. Iansiti. Entry into platform-based markets. Strategic Management Journal, 2012, 33(1): 88-106.

[115] Zhu, F.,M. Lansiti. Why some platforms thrive and others don't. Harvard Business Review, 2019, 97(1): 118-125.

[116] Zhu, F.,Q. Liu. Competing with complementors: An empirical look at Amazon.com. Strategic Management Journal, 2018, 39(10): 2618-2642.

[117] Zimmerman, M. A. Psychological Empowerment: Issues and Illustrations. American Journal of Community Psychology, 1995, 23(5): 581-599.

[118] Zott, C.,R. Amit (2009). Designing Your Future Business Model: An Activity System Perspective. IESE Business School, IESE Research Papers 43.

[119] 艾瑞咨询. 2020 年中国中小微企业数字化升级研究报告，http://report.iresearch.cn/report/202004/3554.shtml[EB/OL (accessed at 2020-04-08).

[120] 陈春花. 数字化时代的三个特征[J]. 中国企业家，2017，24(1)：104-105.

[121] 陈剑，黄朔，刘运辉. 从赋能到使能——数字化环境下的企业运营管理[J]. 管理世界，2020，36(02)：117-128.

[122] 陈威如，余卓轩. 平台战略——正在席卷全球的商业模式革命[M]. 北京：中信出版社，2013.

[123] 程琳，朱晓峰，陆敬筠. 基于大数据的共享物流信息平台模型研究[J]. 科技管理研究，2018，38(15)：234-238.

[124] 崔忠付. 物流平台：2019 年回顾与 2020 年展望[J]. 中国物流与采购，2020(02)：22-23.

[125] 杜华勇，滕颖，王汝平. 电商交易平台价值共创组态研究：一项模糊集定性比较分析[J]. 社会科学家，2020(12)：76-81.

[126] 樊骅，刘益，韩冰. 社会网络对跨界员工创造力的作用研究[J]. 工业工程与管理，2016，21(03)：104-109+117.

[127] 冯耕中，吴勇，赵绍辉. 物流公共信息平台理论与实践[M]. 北京：科学出版社，2014.

[128] 耿勇. 重大突发公共卫生事件对物流企业的影响及发展对策研究[J]. 供应链管理，2020，1(12)：105-114.

[129] 龚丽敏，江诗松. 平台型商业生态系统战略管理研究前沿：视角和对象%[J]. 外国经济与管理，2016，38(06)：38-50+62.

[130] 郭丽芳，王郁，马家齐. 供给侧改革下物流全域云平台构建[J]. 企业经济，2018(6)：114-118.

[131] 胡海波，卢海涛. 企业商业生态系统演化中价值共创研究——数字化赋能视角[J]. 经济管理，2018，40(8)：57-71.

[132] 华中生，魏江，周伟华，杨翼，章魏. 网络环境下服务科学与创新管理研究展望[J]. 中国管理科学，2018，26(02)：186-196.

[133] 黄柯，祝建军. 多类型“互联网+”物流创新平台的商业模式比较研究[J]. 中国流通经济，2019，33(8)：22-33.

[134] 简兆权，曾经莲. 基于价值共创的“互联网+制造”商业模式及其创新[J]. 企业经济，2018，37(08)：70-77.

[135] 靳璐璐，张培. 信息化赋能企业生产业务流程持续优化——基于友元办公联盟的案例研究[J]. 管理案例研究与评论，2019，12(02)：181-191.

[136] 李雷，简兆权，杨怀珍. 在电子服务环境下如何实现价值共创：一个有中介的交互效应模型[J]. 管理工程学报，2018，32(02)：34-43.

[137] 李鹏，胡汉辉. 企业到平台生态系统的跃迁：机理与路径[J]. 科技进步与对策，2016，33(10)：1-5.

[138] 廖建文. 优化生态圈，迎接“HER” 时代. Retrieved 8-7，2020，from https://www.ckgsb.edu.cn/ee/article/detail/159.

[139] 刘军. 社会网络分析导论[M]. 北京：社会科学文献出版社，2004.

[140] 刘念，简兆权，刘洋. 服务供应链整合战略演进与服务创新能力升级[J]. 科学学研究，2020，38(01)：145-157.

[141] 刘晓彦，简兆权，刘洋. 制造企业服务平台如何创造价值？——日日顺与琴趣平台双案例研究[J]. 研究与发展管理，2020，32(05)：82-96.

[142] 卢珊，蔡莉，詹天悦，蔡义茹. 组织共生关系：研究述评与展望[J]. 外国经济与管理，2021，6：1-17.

[143] 罗家德，曾丰又. 基于复杂系统视角的组织研究[J]. 外国经济与管理，2019，41(2)：112-134.

[144] 罗家德，邹亚琦，郭戎. 中国风险资本联合投资策略的差异化现象[J]. 现代财经(天津财经大学学报)，2016，36(04)：3-14.

[145] 罗珉，杜华勇. 平台领导的实质选择权[J]. 中国工业经济，2018(2)：82-99.

[146] 马永开，李仕明，潘景铭. 工业互联网之价值共创模式[J]. 管理世界，2020，36(08)：211-222.

[147] 宁卓，李牧阳. 基于联盟区块链的物流信息平台 LIP-Chain[J]. 计算机技术与发展，2019，29(08)：190-194.

[148] 盛昭瀚. 管理：从系统性到复杂性[J]. 管理科学学报，2019，22(03)：2-14.

[149] 石学刚，尹纯建. 基于服务供应链的第四方航空物流信息平台建设研究[J]. 综合运输，2016，38(3)：128-135.

[150] 寿柯炎，魏江. 网络资源观：组织间关系网络研究的新视角[J]. 情报杂志，2015，34(09)：163-169.

[151] 宋娟娟，刘伟. 双边市场理论视角下物流平台运营机制分析——以公路货运平台为例[J]. 中国流通经济，2015，29(10)：28-33.

[152] 孙国强，李腾. 数字经济背景下企业网络数字化转型路径研究[J]. 科学学与科学技术管理，2021，42(1)：128-145.

[153] 田宇，杨艳玲. 基于物流企业的服务创新研究：互动导向视角[J]. 科研管理，2016，37(2)：116-123.

[154] 王辉，武朝艳，张燕. 领导授权赋能行为的维度确认与测量[J]. 心理学报，2008(12)：73-81.

[155] 王琳，陈志军. 价值共创如何影响创新型企业的即兴能力？——基于资源依赖理论的案例研究[J]. 管理世界，2020，36(11)：96-110+131+111.

[156] 王茹红. 集群视角下物流平台的资源整合研究[D]，华东交通大学，2017.

[157] 王生金. 基于类型学的平台模式特征与共性[J]. 中国流通经济，2015，29(07)：41-47.

[158] 王易，邱国栋. 新工业革命背景下多元智能组织研究——以 GE 和海尔为案例[J]. 经济管理，2020，42(02)：92-105.

[159] 王之泰. 再议“物流平台”[J]. 中国储运，2010 (11)：56-57.

[160] 武柏宇，彭本红. 服务主导逻辑、网络嵌入与网络平台的价值共创——动态能力的中介作用[J]. 研究与发展管理，2018，30(01)：138-150.

[161] 武文珍，陈启杰. 价值共创理论形成路径探析与未来研究展望[J]. 外国经济与管理，2012(6)：66-73.

[162] 肖怀云. 服务占优逻辑下物流服务创新的价值创造机理[J]. 中国流通经济，2013，27(08)：44-48.

[163] 忻榕，陈威如，侯正宇. 平台化管理 数字时代企业转型升维之道[M]. 北京，机械工业出版社，2019.

[164] 邢大宁，赵启兰，郜红虎. 基于双边市场理论的物流信息平台定价策略研究[J]. 商业经济与管理，2018(06)：5-15.

[165] 邢大宁，赵启兰，宋志刚. 基于云生态的物流信息平台服务模式创新研究[J]. 商业经济与管理，2016(08)：5-15.

[166] 徐晋. 平台经济学[M]. 上海：上海交通大学出版社，2013.

[167] 尹俊，王辉，黄鸣鹏. 授权赋能领导行为对员工内部人身份感知的影响：基于组织的自尊的调节作用[J]. 心理学报，2012(10)：1371-1382.

[168] 余义勇，杨忠. 价值共创的内涵及其内在作用机理研究述评[J]. 学海，2019(02)：165-172.

[169] 袁纯清. 共生理论及其对小型经济的应用研究(上)[J]. 改革，1998(02)：100-104.

[170] 张大鹏，孙新波. 平台型商业生态系统中整合型领导力对企业协同创新绩效的作用机制研究[J]. 上海管理科学，2018，40(01)：67-76.

[171] 张建军，赵启兰. 基于互联网+的产品供应链与物流服务供应链联动发展的演化机理研究——从去中间化到去中心化[J]. 商业经济与管理，2017(05)：5-15.

[172] 赵先德，简兆权，傅文慧. 基于平台的商业模式创新与服务设计[J]. 北京：科学出版社，2018.

[173] 赵宇楠，程震霞，井润田. 平台组织交互设计及演化机制探究[J]. 管理科学学报，2019，32(03)：3-15.

[174] 钟琦，杨雪帆，吴志樵. 平台生态系统价值共创的研究述评[J]. 系统工程理论与实践，2020(11)：1-16.

[175] 周文辉，何奇松. 创业孵化平台赋能促进资源配置优化——基于机制设计视角的案例研究[J]，2021. 研究与发展管理，2021(1)：1-14.

[176] 朱迪，何祎金，田丰. 生活在此处——中国社交网络与赋能研究[M]. 北京：社会科学文献出版社，2018.